中外文化文学经典系列

语文常谈

导读与赏析

主编/常汝吉　李小燕
编者/全洪姝

现代教育出版社
Modern Education Press

图书在版编目（CIP）数据

《语文常谈》导读与赏析 / 全洪姝编 . — 北京 : 现代教育出版社 , 2022.10
（中外文化文学经典系列 / 常汝吉 , 李小燕主编）
ISBN 978-7-5106-8552-1

Ⅰ . ①语… Ⅱ . ①全… Ⅲ . ①阅读课－中学－教学参考资料 Ⅳ . ① G634.333

中国版本图书馆 CIP 数据核字（2022）第 036276 号

《语文常谈》导读与赏析

主　　编　常汝吉　李小燕
出 品 人　陈　琦
选题策划　王春霞
本册编者　全洪姝
责任编辑　魏　星
装帧设计　赵歆宇
封面绘图　那兰陀
出版发行　现代教育出版社
地　　址　北京市东城区鼓楼外大街 26 号荣宝大厦三层
邮　　编　100120
电　　话　010-64251036（编辑部）010-64256130（发行部）
印　　刷　北京飞达印刷有限责任公司
开　　本　787 mm × 1092 mm　1/16
印　　张　13.75
字　　数　200 千字
版　　次　2022 年 10 月第 1 版
印　　次　2022 年 10 月第 1 次印刷
书　　号　ISBN 978-7-5106-8552-1
定　　价　29.80 元

编 委 会

把灵魂滋养成晶莹剔透的水晶

——《中外文化文学经典系列》总序

每日里繁忙的学习工作、生活琐事，仿佛让我们心灵蒙上了一层厚厚的积垢，压得人喘不过气来。只有夜深人静之时，在桌前摊开一卷引人入胜的好书，心随书中的主人公一起，遨游在另一个世界中，才得以享受片刻的安宁。趁着这静谧的夜，我们的灵魂从容地沐浴着文学的菁华，慢慢地浸染、陶冶，终将滋养成一块晶莹剔透的水晶。

这就是经典名著的魅力——润物无声，如静水流深，温柔而有力量。

一、何谓经典

《现代汉语词典》上说，“经典”就是“传统的具有权威性的著作”。所谓传统，就是经过了历史的大浪淘沙，从千万著作中脱颖而出。经典作品往往通过作家个人独特的世界观和不可重复的创造，凸显出丰厚的文化积淀和人性内涵，提出一些人类精神生活的根本性问题。它们与特定历史时期鲜活的时代感以及当下意识交融在一起，富有原创性和持久的震撼力，从而形成重要的思想文化传统。

经典的文学作品一般具备以下四个特征：

首先，作品关注的是人类的终极问题，主题直击人性。就像《呐喊》直击民族性格的劣根性，《巴黎圣母院》用四个主人公来探讨外在美与心灵美的四种不同组合……经典的文学作品因其主题的跨时空性，而深受不同时期、不同民族的读者的喜爱，在时间的淘洗下历久弥新。

其次，经典作品的人物形象大多塑造得鲜活丰满，立体而有层次感。《三国演义》中的曹操，虽性情奸诈，但他一统天下、造福百姓的理想和抱负，又令人不得不钦佩。他既有礼贤下士的胸怀，又有借刀杀人的果决，还不乏对酒当歌的豪迈。他的性格多元化，是一个有血有肉、立体丰满的“典型”。

第三，经典作品的情节大都起伏跌宕、扣人心弦。《红楼梦》叙事宏大而巧妙，四大家族的命运、几百个人物的生活经历，以草灰蛇线、伏脉千里的形式，若隐若现，却又清晰可循。

第四，经典作品的笔触细腻，即便是环境描写，也无一处是闲笔。《雷雨》中暴风雨前压抑的气氛，为繁漪面对周朴园时的痛苦、与周萍的感情纠葛营造了绝佳的呈现背景。

二、为什么要读经典

经典文学名著虽然有诸多优秀基因，然而在资讯发达的今天，微信、微博、文化快餐比比皆是，连纸媒的生存都举步维艰，还有多少人能静下心来，读这些大部头的作品呢？甚至，有不少人质疑，今天读经典名著的意义何在？

愚以为，读经典可以让我们在这个喧嚣浮躁的时代，回归安静的思考。当今信息的碎片化，导致读者往往急于了解故事情节，缺乏深度思考，甚至简单片面地看待问题，妄下定论。而潜心品读经典文学作品，细细揣摩作品人物所承载的人性的真善美和假恶丑，会让我们看人、看问题更加全面深入，也让我们自己的灵魂丰盈、闪闪发光。

三、如何阅读经典

经典是在阐释者与被阐释文本之间互动的结果。正所谓“一千个读者心中有一千个哈姆莱特”，各个时代不同读者的解读，共同构成了经典作品独特而丰富的内涵。有些甚至形成了一种专门的学问，就如中国有“红学研究会”，英国有“莎士比亚研究会”一样。中学生阅读经典文学作品，除了自己用心揣摩原文之外，还应该多了解前代读者共性化、多元化的解读。只有这样，才能对作品有更全面的、多角度的理解。这也是我们编选这套丛书的目的——帮助初读经典的中学生们迅速入门。编者在选编文章时有意识地收录同一问题的各家之言，形成争鸣，让学生直观地感受到对于经典的一般认知和个性化解读共存。

让我们在前人的引领下，冲出迷雾，走入辉煌的文学殿堂，感受大师的风采，细品精美的文字所蕴含的丰厚内涵。

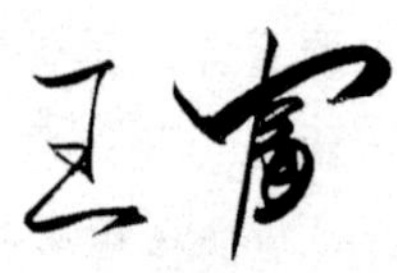

捧读经典，打开启迪心智之门

中学时代，是一个人一生中重要的成长阶段。

成长需要阳光雨露、需要呵护与培育，因此，中学时代除了要完成学校课堂作业以外，课外阅读无疑是“雨露滋润”不可或缺的。课外阅读，不仅能让中学生启迪心智、开阔视野、积累知识，而且还是加强人文修养、提高综合素质的重要途径。

习近平总书记可以说是博览群书的楷模。他对读书有自己的独到见解，他说过：我年轻时读了不少文学作品，涉猎了当时能找到的各种书籍，不仅其中许多精彩章节、隽永文字至今记忆犹新，而且从中悟出了不少生活真谛。

读书固然重要，但读什么书更是关键。在浩如烟海的书籍中，中外经典名著无疑是书海中的璀璨明珠，是人类智慧的结晶。因此，读书就要读经典名著。从大量中外名人的成长经历中，我们知道阅读经典名著对他们所起到的重要作用。经典名著可以说是架起青少年与人类代代相传美好传统的心灵桥梁，通过对经典名著的感悟从而形成良好的语言与文字直觉，对提高青少年的表达理解能力更是大有裨益。

习近平总书记指出：“文艺深深融入人民生活，事业和生活、顺境和逆境、梦想和期望、爱和恨、存在和死亡，人类生活的一切方面，都可以在文艺作品中找到启迪。文艺对年轻人吸引力最大，影响也最大。”

现代教育出版社根据中央关于“推广群众阅读活动”的精神，结合中学生的成长特点，经过与专家学者的反复研究及听取一线教学老师的建议，精心选编了这套《中外文化文学经典系列》丛书。

打开这套书，读者会走近一个个文学巨匠、走进一篇篇文学名著，真切地感受经典。从《红楼梦》到《边城》，从《红岩》到《平凡的世界》，你会得到许许多多的人生感悟；会懂得许许多多做事和做人的道理；你会领悟到面对困境，要勇于拼搏、奋斗的精神……

跟其他文学经典选读本不同的是，这套丛书具有贴近中学生身心成长的实用性，它着眼于对中学生心灵的净化和思想品质的培养。这种文学名著的陶冶，能使世界观正在形成期的中学生，在文学的浸润中，得到正能量的潜移默化。所以说，此书的编者力求以多层面、多视角来培养学生用发散的思维理解这些经典名著。

读书的真谛是什么，只有在捧读经典中才能感悟。相信每个阅读这套丛书的读者，会在阅读中拉近跟名家的距离，从中得到许多历史文化知识，感知生活的真善美。一个人在成长的道路上，也许会对“心灵鸡汤”感到厌烦，但经典文学名著会打开另一扇启迪心灵之门，让你在寒冬里感受到春风，在黑暗中看到光明，在迷茫中发现希望。这种阅读的妙趣，也只有通过阅读才能体会到。

开卷有益。相信您会喜欢这套丛书的。

名著，还可以这样导读

名著阅读，一直是常说常新的话题。伴随着名著阅读的，自然还有各种导读应运而生，这些导读有些是名家名师的批注，有些是编者的一家之言的赏析，更有甚者，以应试为导向的敲骨吸髓式碎片化阅读。这些导读，“乱花渐欲迷人眼”，特别是那种纯应试的导读，已经退化成教辅材料了。从某种角度而言，这反而在加重学生的阅读负担。

时至今日，经典文学名著中绝大多数的作品和我们的生活已经渐行渐远。学生也好，老师也罢，很多人对于阅读名著总是望而生畏。尽管叔本华说，“没有什么比阅读古典名著更能使我们神清气爽的了。只要随便拿起任何一部这样的经典作品，读上哪怕是半个小时，整个人马上就会感觉耳目一新，身心放松、舒畅，精神也得到了纯净、升华和加强，感觉如饮山泉。”但是，并非所有名著都会让读者“马上就会感觉耳目一新”，也并非所有人都有叔本华的灵气和才情。因此，阅读名著的可取姿态是：可以直接面对名著本身，但不要期望真的就能够读懂。读不懂时，不要硬读。最好为自己寻找一个有品位的遥远的精神导师，跟随这个遥远的精神导师去理解名著背后的“隐微教诲”。经典名著是矗立在你面前的一个巨人。初学者需要对经典名著式的巨人保持必要的敬畏感，同时，找一把“梯子”使你能够爬上巨人的肩膀。现代教育出版社的《中外文化文学经典导读与赏析》丛书就是这样一把能让你爬上巨人肩膀的“梯子”。丛书独辟蹊径，以公开发表的专业名著研究的文献为主要来源，通过分类汇编的专业编辑手法，分门别类为你提供阅读名著的别致“梯子”。

长期以来，经典名著的阅读教学一直沿用传统的接受式学习法、文章学教学法，教学方法单调，教学程式沉闷，重知识传授，轻能力培养，教学效率不高。

学生对经典名著处于一种冷落、疏远的状态，经典文学作品的教学亟需变革。《普通高中语文课程标准》修订中也积极倡导任务群的学习方式，这种方式，本质上是带着“任务”与“问题”研究性学习的方法去研读经典名著。因此，在经典名著阅读教学中开展研究性阅读，是一种有效的提升经典名著作品阅读效率的途径。

在研究性阅读中最需要的是专业文献资源作为“路标”，为名著阅读指路。因为以研究性阅读方式去读名著，阅读之前最好先有自己的问题和假设，然后，带着自己的问题和假设去阅读。如果读者事先没有自己的问题和假设，则需要在阅读名著之前先阅读与名著有关的文献，在这个阅读的过程中需要处处留意，随时提出自己的问题和假设。一旦读者带着问题和假设去阅读文献，读者就不会陷入名著阅读的庞杂与混乱之中。

带着自己的问题和假设去面对名著导读的文献，也许会因为“先入为主”而误解文本。但是，任何阅读都不可避免地带有读者自己的偏见（或前见）。而且，阅读中最值得警惕的倒不是“先入为主”，而恰恰是“六神无主”。如果读者头脑空空、呆头呆脑、无所知地面对文本，那才是最可怕的。所以，在阅读经典名著前，我们需要有一位导师，引导我们避免浅浅的了解表层内容的阅读，帮助我们建立一个阅读的视角。丛书中撷取的许多解读篇章，就有这样的作用，就像一位优秀的阅读导师，启发你理解作品，却并不包办一切。

《中外文化文学经典导读与赏析》丛书避免了单纯的了解性阅读，把选择文献的标准定在作为理解性阅读的支架资源。这样，在名著阅读的跋涉之旅中就有了可靠的“路标”指南，也有了可以登上巨人肩膀一览天下的“梯子”。因此，丛书的定位不是取代名著的阅读，而是通过质量可靠的专业解读指向名著，又并非名著本身。这些解读类似“以手指月”的禅意：不要看手指，要看向月亮。皎洁的月亮悬挂在茫茫的夜空中。

名著导读是一项系统工程，教师需要遵循计划性、理论性、常规性和实践性的原则，将学生的名著阅读活动纳入自己的语文教学中，使名著阅读真正发挥提高学生人文素养和专业素养的巨大作用。就这一点而言，本丛书的内容其实更有利于语文教师文本解读能力的提升。在语文老师的专业活动中，其实最缺乏的就是对文本解读的技术支持。犹如建筑高楼，空有美好的设计，却不知从哪里铸造基石，那么我们造出来的永远是空中楼阁，看着美丽，却虚幻无比。丛书遴选的解读作品对于语文教学的意义也在于此，相比国内许多文本解读的书籍而言，这套丛书就像是一位优秀的导游，恰到好处地讲解，却让你依旧徜徉在名著的风景里，不至于兴味索然。

曾有诗云："苦于跋涉的人类，应该感谢桥啊。"也许，用于现代教育出版社的这套《中外文化文学经典导读与赏析》丛书，是最贴切的。

让经典著作文学作品更好地发挥其精神哺育功能，让学生在研究性阅读过程中学会自主提出问题，学会解决问题，培养能力，张扬个性；让语文教师在指导名著阅读过程中，提高自己的专业素养，增进职业幸福感。

这，是我们编者的最大心愿。

这，也是《中外文化文学经典导读与赏析》丛书最大的价值。

本书编写组

2022年3月

目录

第三章 指点迷津 · 语文教学

第四章 行云流水 · 译者境界

第五章　百家争鸣·语文常谈

经典回放·作品简介

学习汉语知识的一本好书
——读《语文常谈》

刘国正　田小琳

师长导读

这是一本学习汉语知识的很好的入门书。我们向读者，特别是中小学语文老师推荐这本书，因为它读起来费时不多，理解起来又比较容易，读后不但能获得汉语的一些基础知识，还能学习到观察分析各种语言现象的方法，有益于提高读者的语文水平。

吕叔湘先生的《语文常谈》单行本，1980 年由三联书店首次出版。这本书篇幅不长，六万余字，但内容十分丰富，涉及语音、语法、语汇、方言、汉字以至文字改革等许多方面的重要问题;论述十分精辟，有许多独到的见地;语言通俗简练，清新活泼，读起来就像听作者在谈家常，会使读者产生浓厚的兴趣。

作为高中学生的课外读物以及一般青年的自学读物，也是很好的。下面简要地说说这本书的特点。

一、内容丰富，论述精辟

全书分八个部分：1. 语言和文字；2. 声、韵、调；3. 形、音、义；4. 字、词、句；5. 意内言外；6. 古今言殊；7. 四方谈异；8. 文字改革。各个题目既独立成篇，又成一定的系统。

语言和文字的关系有许多打不清的官司，对于汉字和汉语的关系往往不容易认识得全面。关于这样一个比较复杂的问题，作者在“语言和文字”部分有精辟的论述。作者认为文字和语言虽然是两种并行的表达意思的工具，但是两者又有不解之缘。一个形体总是通过和语音联系，才能读出来，成为文字，文字必须通过语言才能表达意义，因而不能把语言和文字割裂开来。但是，语言和文字只是基本上一致，并不完全一致。口头语言和书面语言总是相互作用，相互接近的。文化普及的程度越高，口头语言和书面语言就越趋于适应。作者在说明了语言和文字的这种关系后提出，语言和文字要两条腿走路，因为它们在人们的生活中，都有很大的用处。过去一直有重“文”轻“语”的倾向，而在现代社会，在许多场合，直接用语言交际比用文字交际要快很多倍，我们的认识应该跟上这个客观形势。最后作者特别提出要改变学校语文课中仍然是只教“文”，不教“语”的情况。

这本书第二部分讲汉语字音的基本概念——“声、韵、调”。在这一部分里，既介绍了古代的“联绵字”（即双声、叠韵字），古代给汉字注音的直音法、反切法；又介绍了语音学的一些基本常识，如元音、辅音、音素等。此外还特别介绍了用拼音字母注音的好处，用来注音的声母、韵母、声调只用少数符号（25 个字母、4 个调号）就把拼音问题全部解决了。我国的音韵学历来是使学者很伤脑筋的一门学问，作者做了科学的论述之后，指出“不必谈音色变”，现在连小孩儿学起来也并不费力。根据汉语的特点，作者特别讲了声调的作用。由以上这两部分的内容就可以看出，作者谈论一个问题涉及的方面很广，视野非常开阔。

其他几个部分，也都介绍了许多基本常识，作者谈古论今，引用了丰富的材料，对于一些基本概念的关键地方，阐述得非常清楚，给人以明确的观点和丰富的知识。

二、采用丰富多彩的语言事实论述道理，引人入胜

常见到一些普及汉语知识的书，讲道理多是从概念出发，先下个定义，再来解释一番，举的例子有些是各种书刊多次使用的，有些使人感到是编造的，缺乏说服力。为什么生动活泼的语言现象一到了语法书里，常常变得枯燥难懂，使人读而生厌，这确实值得注意。《语文常谈》却为这一类普及汉语知识的书作了一个好样子。作者常常先讲一个有趣的典型的语言现象，而这个语言现象又是为大家所熟悉的，把这个语言现象分析透彻了，要讲的道理用不多的话就点明白了。许多生动的语言实例穿插在全书的论述中，使人读起来就感到有味儿，感到亲切，拿起这本书来就会放不下了，总想一节一节看下去，看个明白。

讲“声、韵、调”这部分，第一个小标题就是“从绕口令说起”。文章先说了两个大家熟悉的绕口令“吃葡萄不吐葡萄皮儿，不吃葡萄倒吐葡萄皮儿”；“板凳不让扁担绑在板凳上，扁担偏要板凳让扁担绑在板凳上”。接着就说绕口令为什么会绕口呢，原来这里头有双声、叠韵的字，并且具体分析了这两个绕口令中哪些字是双声，哪些字是叠韵，从而讲明白了双声、叠韵的概念。作者还进一步介绍了古人很早就发现了双声、叠韵的现象，因而有大量的“联绵字”，现代的许多象声词也利用了汉字这一特点；联绵字在诗歌创作上的运用也很广泛等等。由绕口令引出了这么多的

知识，怎么会不引起读者的兴趣呢。

在“四方谈异”这部分，论及“方言语汇的差别”时，作者先从倪海曙的苏州话小说《黄包车》里引了一段话，每一句话还用普通话作了翻译：

俚走出弄堂门口，叫啥道天浪向落起雨来哉。

（他走出胡同口儿，谁知道天上下起雨来了。）

啊呀，格爿天末实头讨厌，吃中饭格辰光，

（啊呀，这种天么实在讨厌，吃午饭的时候，）

还是蛮蛮好格啘那哼会得落雨格介？

（还是很好很好的呀，怎么会下雨的呀？）

又弗是黄梅天，现在是年夜快哉呀！

（又不是黄梅天，现在是快过年啦！）

读者看到这不同说法的有趣对比，自己就会试着先找它们在语汇上的差异。怎么比较呢？作者接着教我们，比较方言的语汇，首先要区别文化语汇和日常生活语汇。一般来说，文化语汇各地方言是一致的。还要注意的是，别以为语词都是一对一的关系，常常是一对多乃至多对多的关系。像绍兴话的“罗汉豆”，别处叫“蚕豆”，绍兴话里的“蚕豆”，别处又叫“豌豆”，等等。这样，读者就可以学会用自己的方言语汇来和普通话语汇作比较，和其他方言语汇作比较，明白了各种方言语汇的差别，学习普通话的语汇，就比较容易掌握规律了。

全书涉及那么多的问题，几乎没有一处不用语言事实为例的，有的小节几乎是用例子和小故事串联起来讲清楚一个道理的，例子又选用得那么典型、恰当、生动，这反映了作者在观察总结语言现象方面的功力很深。这一点也会给读者以有益的启发，要学会留心观察各种语言事实，积累大量丰富的材料，才能在语言运用中分辨正误优劣，掌握语言运用的规律，提高自己的语文水平。

三、注重实用，提倡汉语规范化

这本书是为普及语言文字的知识而写的，读者的面很广，因而作者十分注重实用的问题。语言文字是现代化的社会一会儿也不能离开的交际工具，人人都感到它的重要，但就目前社会上的语文水平看，是不能令人满意的。大家希望学习汉语知识，更好地掌握这个交际工具，适应现代社会各方面发展的需要。从这个意义上看，这本书具有较高的实用价值。它在许多方面告诉我们，应该怎样更好地掌握和运用汉语。

在“意内言外”这部分的最后一节，作者告诉我们，在语言的地面上是坎坷不平的，“过往行人，小心在意”。说话的人，尤其是写文章的人，要处处为听者和读者着想，竭力把话说清楚，不要等人家反复推敲。听者和读者要用心体会，不望文生义，不断章取义，不以辞害意。这样才能提高语言这个交际工具的使用效率。

书中对于党的一贯的语言政策——促进汉字改革、推广普通话、为实现汉语规范化做积极宣传，道理讲得明白、透彻。在“四方谈异”部分，专节谈论“要推广普通话”；在“文字改革”部分，谈到汉字存在的问题，介绍了历史上汉字改革的简单情况，分析了拼音文字的好处，辩证地指出，汉字、文言、方言互相配合、相辅相成的这一套工具，在历史上有过丰功伟绩，但是随着形势的发展，应该退身让位给拼音字、白话文、普通话这套互相配合、相辅相成的工具。

作者这种注重实用、提高语言作为交际工具的使用效率、提倡汉语规范化的思想，是完全适应实现四个现代化对于语言文字工作的要求的。

四、语言通俗简练，明白如话

这是一本讲理论的书，但是作者没有板起面孔讲大道理，语言通俗明白，流畅自然，干净利落，富有文学趣味。他的专著《汉语语法分析问题》就给人这样的感觉，更不要说这本和读者谈家常的《语文常谈》了。

讲语言的书，常见有两种情况。一种是语言枯燥无味，引起不了读者的兴趣；再一种是着力写得通俗些，但失之于浅露，甚至损害了科学性。这部讲语言的书却不同，语言娓娓动听，讲理准确严密，读起来使人爱不释手。做到这一点是不容易的，这同作者语言学造诣的深湛和文字功夫的精熟有关。百炼钢化为绕指柔，作者确实达到了这一步。语文知识的教学怎样引起学生的学习兴趣，许多老师提出这个问题，读读这本书也许会得到启发。

作品来源

《语文学习》1982 年第 6 期。

读《语文常谈》

宇文晋

师长导读

吕叔湘先生的《语文常谈》包括八个部分。其中前七部分于1964至1965年在《文字改革》杂志上连载，第八部分刊于《文字改革》1982年第2期。1980年三联书店出了单行本。本书是教写作的深入浅出的典范；也可作为语文基础知识的读物。

吕先生在《语文常谈》一书的序里说“当不起‘概论’‘基础’之类的美名”。但我觉得，这本书是实实在在的汉语概论。因为该讲的问题都讲到了，如语言和文字的关系，汉字形、音、义的关系，字、词、句的关系，语音、词汇、语法，汉语从古至今的发展变化，方言差异以及文字改革，都列有专章讨论，跟别的书相比，并不少什么。有些内容，如“意内言外”，别的书是不大讲的，吕先生则专立一章（八部分之一）。

有一位学者说，如果别的概论书都写得像《语文常谈》这样深入浅出，好读易懂，读者肯定会多几倍，学科知识也会得到普及。深入浅出，并不是件容易的事。深道理深写，在行家来说，不算很难，可容易失之深奥而缺少知音；浅道理浅写，这也比较容易，但会显得浅陋而让人觉得寡味。深入浅出，首先必须有丰富深刻的内容,否则便无“深入”可言。比较起来,“深入深出”要比“深入浅出”容易些。只有熟谙本学科原理、规则、特点的行家里手,才有可能做到深入而浅出。所以,深入浅出不只表现为语言文字浅显,措辞易懂,更重要的是文风问题。衡量一本书、一篇论文是否深入浅出,有没有一个大致的标尺?有,这就是,专家看了不觉得浅,外行人看了不觉得深。《语文常谈》正是这样一本雅俗咸宜的语言学专著。我们可以举两个例子。在“语言也在变”这个小题目下,吕先生讲到“语言的变化,短时间内不容易觉察,日子长了就显出来了”,接着说:“比如宋朝的朱熹,他曾经给《论语》做过注解,可是假如当孔子正在跟颜回、子路他们谈话的时候,朱熹闯了进去,管保他们在讲什么,他是一句也听不懂的。”这虽是个比方,却很形象地说明了问题。为了说明古代语言和现代语言的差别,吕老引了《战国策·邹忌讽齐王纳谏》里的一段,具体指出其中古今词汇、语法的不同,词汇方面又分意义没有变但现在不能单用、意义没有变但使用有很大限制、意义有变化或者现在不用这样三个方面加以分析。不到一千字,却比一篇以《从〈邹忌讽齐王纳谏〉看古今语言的变化发展》为题的论文更准确、清楚。

常有人问吕叔湘先生:想研究语言学问题,找不到题目怎么办?吕先生的回答大致是,生活里有的是题目,题目就在你身边。确实,“语言是人类最重要的交际工具”,生活中的语言现象不正是语言学研究的对象吗?吕先生自己就是这样一位从生活里、从身边找语言学题目,回答生活中许多语言学问题的学者。他在《语文常谈》一书《序》里说,“越是人人熟悉的事情,越是容易认识不清,吃饭睡觉是这样,语言文字也是这样。”全书用了许多像吃饭睡觉这样不容易认清的语言材料,并从不同角度做了回答。就这一点,对我们许多语言学工作者,或者有志于这方面研究的人是很有启发的。不妨稍举几个例子。

为了说明“声调是汉语字音的不可缺少的部分，它的重要决不在声母、韵母之下”，吕先生举了两个现象。一是收音机里播送天气预报的时候，他在另一间屋子里，“最高气温摄氏”之后只听到“V 度”，作者断定不是五度就是九度。二是一边刷牙，一边还能跟人搭话，这时候声母韵母都不清楚，主要靠声调。这两个现象令人信服地说明了声调的重要。

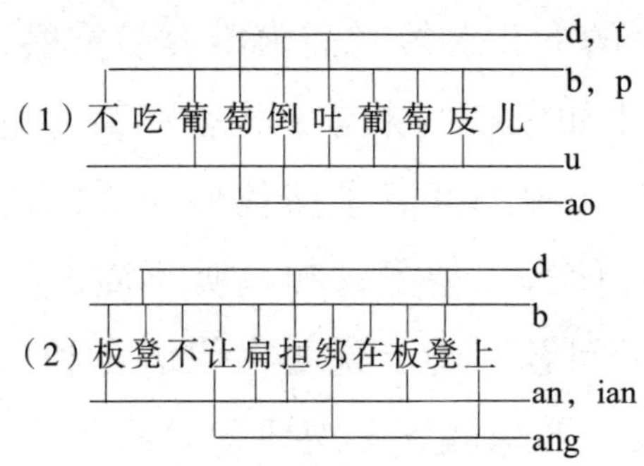

双声叠韵，解释起来不算很费事，作者用大家都很熟悉的两段绕口令，做了如左图（1）（2）的分析，联绵字即双声叠韵现象可以说是再清楚不过了。

说到汉语语法的特点，大家常说词序不同，意义不同。除此之外，吕先生还注意到了“他｜和｜你的老师”说的是两个人，“他和你的｜老师”说的是一个人，“找他的人没找着”可能是他找人（找｜他的人），也可能是人家找他（找他的｜人），并且联系到“下雨天留客天留人不留”的不同断句造成的不同意思，总结出语段划分不同，意义也不相同的道理。——这类情况引起的歧义现象，作者另有专文讨论。

注意身边的语言现象，研究其规律的方法，很值得我们学习。

吕叔湘先生是博古通今的语言学家，他尤其注意沟通古今或者说是联系从古到今语言变化的近代汉语的研究。吕先生在 20 世纪 40 年代发表的论文，有不少是关于近代汉语的，诸如介词“把”，词尾“们”，“这、那”的考订等等（均见《汉语语法论文集》）。1983 年春，语言学家梅祖麟博士应邀在北京大学讲授近代汉语语法专题课，吕先生亲临课堂，提纲挈领地讲了近代汉语研究的重要意义，倡议编辑汉语语法史研究资料。在《语文常谈》的“从文言到白话”一节里，作者引上古的《书经》，引南齐任昉的奏疏，引佛教故事《百喻经》，引敦煌变文和禅宗语录，提供了白话发展的大致线索，显现了论述的厚度。作者又指出：白话“直到‘五四’之后才占领了整个文艺界的阵地”，“随着解放战争的胜利，中华人民共和国的成立，白话文才成为一切范围内的通用文字。”这是符合历史唯物主义的分析。

对于汉字，说它在历史上起过重要作用等等，大家没有分歧，说它难写难认，不能准确表音，需要改革，就会有不同看法，至少有程度上的差别。吕先生立了“形、音、义的纠葛”这样一个小标题，列了下边这样一个表，指出形、音、义不仅不一一对应，而且关系错综复杂：zhǎng 联系两组意义，生长、增长这组意义分属两个音，写成三个字；zhǎng 和 zhàng 这两个音各有两组写法；“长”这个字要为两个音、三组意义服务。

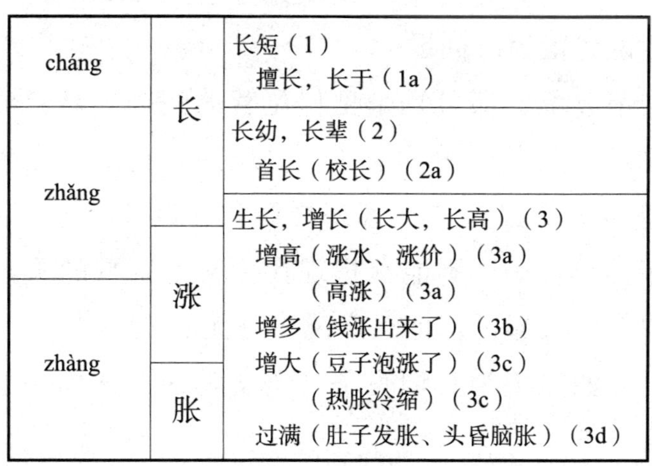

<table>
<tr><td>cháng</td><td rowspan="3">长</td><td>长短（1）
擅长，长于（1a）</td></tr>
<tr><td rowspan="3">zhǎng</td><td>长幼，长辈（2）
首长（校长）（2a）</td></tr>
<tr><td rowspan="4">生长，增长（长大，长高）（3）
增高（涨水、涨价）（3a）
（高涨）（3a）
增多（钱涨出来了）（3b）
增大（豆子泡涨了）（3c）
（热胀冷缩）（3c）
过满（肚子发胀、头昏脑胀）（3d）</td></tr>
<tr><td rowspan="2">涨</td></tr>
<tr><td rowspan="2">zhàng</td></tr>
<tr><td>胀</td></tr>
</table>

“长、涨、胀”可以说是音近语义族。至于异体字、异读字、同音字以及同形字（即数字同形）等，都为语言文字的应用增加了负担。吕先生分析了以上问题之后，综合为一张图。设计这张图颇具匠心。它展示了语言、文字之间的复杂情况（图中〔必〕须、

〔胡〕须，炮 páo、炮 pào，石 shí、石 dàn 分别为同形字）。

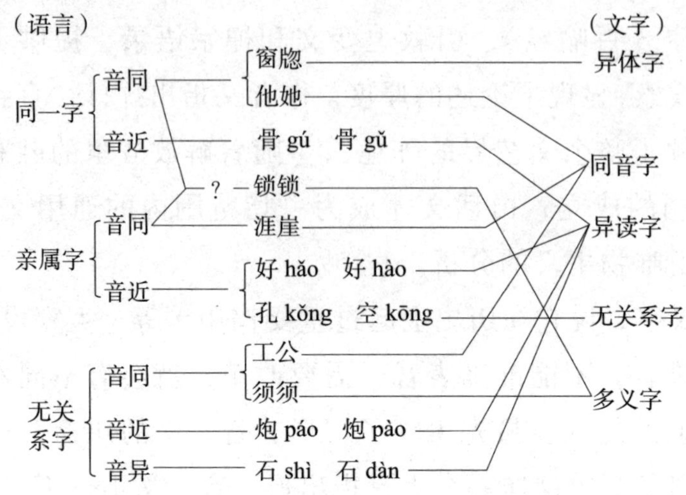

头几年，有一个学生在一本书上看到“汉字是形音义完美的结合”这样一句话，问我怎样理解。我给他大致讲了汉字的形音义结合并不那么完美的道理，介绍他读《语文常谈》里的有关部分。他看了以后说“很解决问题”。

说到文字改革，那可真是见仁见智的问题。吕叔湘先生对文字改革问题的态度是十分明确的：实现拼音化。吕先生认为，简化汉字只是治标，因为“不管怎样简化，改变不了汉字的性质，仍然是以字为单位……不能承担现代化文字工具的重任”。不过，吕先生不像有些人那样，把汉字说得一无是处。

感谢吕叔湘先生为我们写了《语文常谈》这样一本既有深度又通俗易懂的书。

作品来源

《语文研究》1984 年第 4 期。

读有所得

吕叔湘先生的《语文常谈》全书仅用62000余字，却几乎讲到了汉语语言学上主要常识问题，是名副其实的“大家小书”。本书从“汉字的语音、音韵、文字三要素的形、音、义”，“语句的结构”讲到“各大方言及推广普通话”，“古今语言的变化”，最后还谈汉字拼音、简化和文字改革。

《语文常谈》书后附的《未晚斋杂览》收录了作者介绍外国作家和作品的读书札记，共七篇，篇篇皆是心得之言。文字平实自然而不乏幽默，绝无浮华之笔，由此也可见学者的修养与学识。

吕叔湘

第一章

知人论世·作家印象

吕叔湘先生生平

师长导读

吕叔湘先生七十多年来一直孜孜不倦地从事语言教学和语言研究，共出版专著和编译图书二十余种，发表论文和其他文章六百余篇，现已有《吕叔湘文集》六卷本，《吕叔湘全集》十八卷本出版，内容涉及一般语言学、汉语研究、文字改革、语文教学、写作和文风、词典编纂、古籍整理等广泛的领域，吕老堪称我国语言学界泰斗。

吕叔湘先生1904年12月24日出生于江苏省丹阳县（今丹阳市）。1926年毕业于国立东南大学外国语文系。曾在丹阳县立中学、苏州中学等校任教。1936年考取江苏省公费赴英国留学资格，先后在牛津大学人类学系、伦敦大学图书馆学科学习。1938年回国后任云南大学文史系副教授，后又任华西协和大学（今华西医科大学）中国文化研究所研究员、金陵大学中国文化研究所研究员兼中央大学中文系教授以及开明书店编辑等职。1950年至1952年任清华大学中文系教授、东欧交换生语文专修班主任。1952年起任中国科学院语言研究所（1977年起改属中国社会科学院）研究员，中国科学院哲学社会科学部学部委员，语言研究所副所长、所长、名誉所长。1978年至1985年任《中国语文》杂志主编，1980年至1985年任中国语言学会会长。1980年当选为美国语言学会荣誉会员。1987 年获得香港中文大学荣誉文学博士学位。1994 年当选为俄罗斯科学院外籍院士。1954 年至 1964 年任中国人民政治协商会议第二、三届全国委员会委员，1964 年起历任第三、四、五、六、七届全国人民代表大会代表，并任第五届全国人民代表大会常务委员会委员、法制委员会委员。

吕叔湘先生的研究重点是汉语语法。现代汉语方面的主要著作有《中国文法要略》、《语法修辞讲话》（与朱德熙合著）、《汉语语法分析问题》、《汉语语法论文集（增订本）》等。吕叔湘先生参与撰述并审订了《现代汉语语法讲话》，直接参加了“暂拟汉语教学语法系统”的制订工作。吕叔湘先生是我国最具社会影响的词典《现代汉语词典》的前期主编和我国第一部语法词典《现代汉语八百词》的主编。这些著作引例弘富，分析精当，在汉语语法体系建设以及理论和方法上都具有开创意义，成为半个多世纪以来我国现代汉语语法研究最有影响的重要成果。吕叔湘先生是我国近代汉语研究的拓荒者和奠基人。从二十世纪四十年代开始发表的专题论文到八十年代出版的《近代汉语指代词》（江蓝生补）代表了吕叔湘先生在近代汉语研究方面的总体成就，不仅填补了白话语法研究的空白，而且具有方法论上的示范作用。古代汉语方面的著作有《文言虚字》、《开明文言读本》（与叶圣陶、朱自清合著）等。

作为我国语言学界的学术领袖之一，吕叔湘先生直接主持和参与了许多重大语文活动和语文工作计划的制订。1955 年在现代汉语规范学术会议上，他和罗常培先生联名作了现代汉语规范问题的重要报告，他关于语文工作的许多论述具有长远的指导意义。1980 年吕叔湘先生在中国语言学会成立大会开幕式上作的《把我国语言科学推向前进》的学术报告中，提出要处理好中和外的关系、虚和实的关系、动和静的关系、通和专的关系，这是他数十年从事语文工作的经验总结，也为我国语言学科未来的发展指明了方向。

吕叔湘先生治学态度十分严谨，他在晚年一份自述的简历中总结自己的治学原则为“强调广搜事例，归纳条理，反对摭拾新奇，游谈无根”。综观吕叔湘先生一生的论著，无论是长篇巨著，还是单篇短文，都是他所倡导的既务实又创新的精神的良好体现。吕叔湘先生历来重视语言实际的研究，他的语法著作总是从具体的语言材料出发，努力探索汉语的特点和规律；他不仅注重对中国语言学传统的继承，而且积极借鉴和研究国外的语言学理论和方法，用以解决汉语问题；在研究方法上重视语言的古今比较和中外对比，在更广阔的视野里不断揭示汉语的规律。

吕叔湘先生重视语文教学，积极普及语文知识。1951 年与朱德熙合作撰写的《语法修辞讲话》，评论报刊语文失误，解释说明语法常识，在《人民日报》上连载以后，在社会上产生了很大的影响。单行本出版后重印多次，发行量在一百万册以上，二位先生把稿费所得捐献给了抗美援朝运动。作为全国中学语文教学研究会的第一任会长，吕叔湘先生十分关注中学语文教学，他所提出的有关语文教学的意见和建议，受到教育界的普遍重视。1985 年元旦，80 岁高龄的吕叔湘先生在《中国青年报》上发表的《汉语文的特点和当前的语文问题》一文，从面向现代化、面向世界、面向未来的角度启发青年关注新的历史条件下的汉语文问题。1954 年，吕叔湘先生参与了中华人民共和国第一部宪法的起草工作。作为五届人大法制委员会委员和中央文献研究室顾问，吕先生还对法律以及党内文献的文字内容提出若干重要建议。

吕叔湘先生一向关心青年，对他们寄予厚望。1983 年吕叔湘先生捐献多年积蓄的六万元设立了中国社会科学院青年语言学家奖金，1987 年，他又把荣获首次吴玉章奖特等奖的奖金转为青年语言学家奖金。吕先生非常关心家乡的教育事业，也曾捐款资助。几十年间，吕叔湘先生通过作报告、通信、个别谈话、修改文章等方式与中青年语文工作者一直保持着密切的联系，帮助他们成长。

吕叔湘先生为人正直，一生追求进步。他不仅是一位杰出的学者，也具有极高的政治热情和社会责任感。他年轻时赴英国留学选择了图书馆专业，就是因为深感祖国当时文化事业的落后，要通过图书馆工作发展祖国的文化事业；直到晚年，他还为中国社会科学院图书馆的建立倾注了大量心血。1986 年，他光荣地加入了中国共产党。吕叔湘先生淡泊名利，一生俭朴，清正无私，他在 1993 年写下的遗嘱中表示：丧事从简、捐献角膜、遗体交医学解剖，种一棵树，骨灰撒在树坑内，不立碑，不做墓。吕叔湘先生是我国语言学界的一代宗师，他崇高的品德赢得了语言学界、教育界及社会各界广泛的敬重。

吕叔湘先生一生所留下的著述是我国文化事业的宝藏，他高尚的品德和良好风范是后学永远的楷模。

吕叔湘先生千古。

作品来源

《中国语文》1998 年第 3 期。

吕叔湘先生与青年一代

张伯江

师长导读

吕叔湘先生关心青年这个话题也许是说不完的，因为当今活跃在语言学界各个年龄段的学者，大概都在年轻的时候得到过吕先生的关怀和教诲。我这里所谈的，是最后一代受到吕先生直接关怀的年轻人的故事。

二十世纪八十年代中期，吕先生卸去了所有行政职务，也不再亲自带学生了。八十高龄的吕先生虽然不再做具体的行政工作，社会活动仍然很多。除了他必须参加的各种活动外，每天找他看稿的、求写序的、求题字的以及讨教各种语文问题的也使他应接不暇。那时我做他的秘书，帮他处理一些读者来信和来访。他对我说："老朋友老相识有事来求，虽然说是盛情难却，我也是能推就推；但青年同志来讨论问题的，我很乐意回复。"于是，凡是青年人来信向他求教，不管大问题还是小问题，他总是尽可能地给予答复。不仅如此，他还认为有些问题对一般青年来说是具有普遍意义的，就把那些回信整理出来发表在杂志上。大家现在在《吕叔湘文集》中看到的《给一位青年同志的信》《漫谈语法研究》《关于语法图解的用途及其局限性》《关于做诗的一封信》等就是这样形成的。二十年来，这些文章不知启发了多少青年语言教学与研究工作者的成长。

对吕先生这份热心最有切身感受的就要说是语言所的一批青年了。那几年语言所每年都有一批新毕业的大学生、研究生分来工作，吕先生对这些年轻人格外关注。过去，他每有新书出版，总要分送给他的老朋友、老同事。1989年他的《吕叔湘自选集》出版以后他对我说："这次我不送老人了，专送所里的年轻人。因为这里选的文章对青年人学习怎么做语言研究有帮助。"青年同志们拿到了吕先生亲笔题字的这本书都非常感动。还有一次，吕先生见到中华书局新出了一本《古籍点校疑误汇录》，他觉得那里的文章对于帮助青年们阅读古书，尤其是解决疑难问题很有好处，就递给我几块钱，让我到书店帮他买来几本，然后分送给所里几个年轻人，嘱咐大家读古书时要注意辨别那些细微的地方。那时候吕先生只要有事到所里，总要点着名当面询问这个青年那个青年现在学习怎么样、有什么困难。有一回在他家里他问我："新来的年轻同志是不是都很好学呀？"我说是。他说："我让他们有什么问题来找我他们都不来，是不是怕我忙不好意思来呀？我就交给你一个任务吧，从今以后每星期由你安排两个年轻人到我这儿来我跟他们谈谈，一次来一个也行来两个也行。"后来，我就找了《中国语文》和现代汉语室的几个年轻人先后去吕先生家谈话。1988年我负责所团支部工作的时候，在党委的支持下准备在所里组织一个青年学术沙龙。我把这个想法跟吕先生说了，他听了非常高兴，说他一定要参加青年们的这个活动。沙龙的第一次活动我就请吕先生来跟大家见面，吕先生为此做了悉心的准备。他从报刊上复印了两篇跟语言文字有关的文章给大家讨论。大家发表意见后，吕先生讲了他的看法，重点讲了怎么看待文章中提出的问题，告诉大家面对这样的问题该怎么思考、怎么分析。那以后我们顾及他的身体没有再请他参加沙龙的活动，他却不止一次主动说要到沙龙去跟大家讨论问题。我记忆中至少有这么两次：一次是所里一位青年写了一篇语法论文请他看，他看后觉得有必要跟其他青年一起讲评、讨论该文反映出的选题角度、参阅文献等问题；还有一次是他在《读书》杂志上读到一篇谈语言与文化问题的文章，他认为文中概念十分混乱，应该以此为例跟青年们讲讲相关的问题。1989 年的五四青年节，所科研处和团支部联合举办了首次“青年学术演讲会”，85 岁高龄的吕先生带着极大的热情坐在台下来听青年们的报告，并参加讨论。他不仅鼓励青年们读书学习,更注意让他们在实际工作中得到提高。那时《中国语文》编辑部送他审稿子他都忙得看不过来，却还经常要求拿些年轻编辑的审稿意见来看，看看他们观察和分析问题的能力。1988 年大家谈到《中国语文天地》怎么办出新意的时候，吕先生提出让几个青年同志合写一部深入浅出的《语言漫话》连载，并亲自拟好了提纲发给大家。虽然这个计划由于后来杂志的停刊而未能施行，但大家还是从吕先生的谈话里领悟到了很多东西。

我本人是 1984 年开始做吕先生的秘书的。那时候我每星期去吕先生家两次，吕先生知道我喜欢语法研究，开始却很少跟我谈及语法，他常问我的是“喜欢读什么古书哇？”“一天多少时月读英语啊？”这样的问题。我第二次正式到他家去的时候，他送给我一本《吕叔湘语文论集》，他跟我说：“你帮着我做事，我也应该在学习上帮着你。你语法上有什么想法可以跟我说，写了文章拿给我看，可是古书和英语一定要读扎实。”吕先生看我自学不得要领，就亲自给我选定了四物，有历代的笔记小说，有英美的文学作品，尤其是一本《涑水记闻》，一本 Undemanding Grammar，吕先生是一段一段指导我精读的。每次去见吕先生前，吕先生都让我准备出一些问题问他，我不好意思，吕先生说：“你还怕我笑话你吗？”于是我就记下读书中的问题请吕先生一一给我讲解。里边好多细节我都终生难忘。

我工作后不久，想考个研究生深造一下，吕先生知道了以后，表示非常理解，但又考虑到编辑部的工作，就建议我考个在职的研究生。于是我一边跟着徐枢先生学习，一边听吕先生的指点，学业上提高很快。一年以后英语期末考试的时候，吕先生看我们的教材偏难，很为我着急，他主动提出来要帮我复习，还说为了不让别的事妨碍，他要利用中午时间来给我讲练习。我们都知道吕先生有午睡的习惯，大家有什么事都从来不在中午去打搅他，我当然也不敢答应，可吕先生却很坚持，我感动得不知如何是好。于是就在酷热的六月里，连着几个下午，从一点到四点，吕先生逐一批改我做的练习，我满纸的笨拙、无知和困惑都叫吕先生那古朴而又帅气的红色笔迹一一化解。“你怎么一个句子里能有两个动词呀？”至今我翻译英文句子时脑子里还总是想起吕先生这句话来。

吕先生跟我谈论最多的自然是语法方面的话题了，有两个细节深深影响了我后来的方向。一次是1985年的时候有个在北大学习的东德留学生给他写信请教形容词重叠式的问题，吕先生跟我说：“外国学者常常对这个题目感兴趣，从五十年代到现在，我已经看到好几个外国人做了这个文章。因为他们的语言里没有这个东西，所以他们感兴趣。其实这个题目没有太大的意思，它只是这种现象本身而已，没有普遍意义。语言研究虽然往往讲的是个别现象，但规律都是能旁及他类的。”另一次是几天以后，我们谈起口语里省略介词的时候，他说：“我们现在的语言研究，是把书面语、口语、各种文体、各种风格等等都一锅烩，总结出几条规律，实际上得出的是个最大公约数。要是把各种条件摆出来分别的看呢，是各有不同的规律的。可惜这个工作没有人做。”他尤其指出北京口语应该好好研究。所以，到1993年我和方梅准备从功能角度研究北京口语的时候，吕先生非常高兴地在我们申请国家社科基金的推荐书上写了推荐意见。

凡是跟吕先生接触过的人，都为他良好的学风所感染。我很少听到他讲什么大道理，好多细小的地方却给我留下了极深的印象。有一回我帮吕先生抄好一篇稿子请他看，我知道吕先生一向认真，抄的时候一笔一画都不敢出错，可是没想到吕先生看的时候还是一边看一边改，他用蓝水笔重重地把我稿上每一处逗号的撇和句号的圆圈都描清楚。看我有些不解，吕先生说："我给你讲个小故事吧。四十年代的时候，我头一次给叶老主办的《中学生》杂志写稿子，有一天我到他那里去玩，看见叶老正在审我那篇稿子，他一个一个地给我描标点。我说：'你干吗这么认真呢？'叶老说：'你写的时候图省事，检对的时候就要麻烦了。'从那以后，我每回写文章，都要把标点点清楚了。"听完以后我惭愧地把稿子要回来，自己慢慢描起来。像这样的事情还有许多。跟在吕先生身边工作这些年，不仅学习了他的学识，更多的是学到了他的作风。

作品来源

《中国语文》1998 年第 4 期。

吕叔湘先生二三事

施关淦

师长导读

吕叔湘先生已经仙逝了，但他的重大贡献却永远地留在了人间。吕先生的重大贡献是多方面的，这已有公论。

一、吕先生帮我改论文

1980 年我在《中国语文》上发表的两篇论文，都是吕先生帮助修改过的。

第一篇是讲汉语书面语中的“歧义现象”的，吕先生的意见是文章不精炼。他帮我删简后批注说：“一勺糖加半杯水，甜津津的，好喝；加一杯水，就淡而无味了。”

第二篇是讲有关多义句式的分化问题的。吕先生的意见是，有一个地方的例句太少，要多举几个，“多举几个好”。

第一篇啰唆，第二篇苟简，走了两个极端，都不好。吕先生的这些话深深地印在了我的脑子里。

二、吕先生和我合写书评

1990 年冬的一天，侯精一先生转达吕先生的话说：钱乃荣主编的《现代汉语》有点儿新意，叫施关淦写篇书评，支持一下这些年轻人。

一个月后，我给吕先生送去了书评草稿，草稿上的署名吕先生在前，我在后。过了几天，吕先生改了一下，把书评退给我，署名变成我在前，他在后了。我深感不妥，又把吕先生移到了前面。吕先生却对我说：几个人合写文章，谁出力多，谁就署在前面，这是国际上的通例，不要再改来改去了。

三、吕先生给我挑错儿

1979 年第 3 期《中国语文》上发表的某篇论文，是我加工的。吕先生看了加工稿后，删去了一个例句，并在边儿上批注了四个大字：“此例当删”。我仔细一看，这个例句不能说明文章的观点，属于作者举例的一个失误。

一个合格的编辑，理应严格把关，尽可能为作者改正一些笔误或其他失误，以提高出版物的质量。

吕先生是位著名语言学家，著名语文教育家，同时还是一位杰出的编辑家。他任《中国语文》主编期间，虽已是一位七八十岁的老者，但要求仍十分严格，凡是要在《中国语文》上发表的文章，不论是长篇论，还是补白文章，甚至消息报道，他照例都是要认真看一看的。但编校费却只是象征性地收一点儿。尽管如此，有一次我还听到他说：“你们出力，让我一个人出名了！”

比比吕先生，不仅在学问上望尘莫及，在思想境界上，也是值得我学习一辈子的。

作品来源

《中国语文》1998 年第 4 期。

做一个勤奋认真的人
——读吕叔湘《语文杂记》有感

武 波

师长导读

《语文杂记》是吕叔湘先生谈论社会“不正规”语言的一本随笔集。内容涉及汉语言文字的众多方面，但篇幅短小精悍，语言生动活泼，读来饶有兴趣，给人很多启发和感悟。

读吕叔湘先生的一本小书《语文杂记》，本来只是想从里面寻找一些语言文字使用上的标准和规范，花了几天时间把它读完后，一下子让我有了登高望远的辽阔感，思路顿时开阔了许多。

一、视野开阔，勤于耕耘，积小流而成江海

作为我国著名的语言学家、语文教育家，吕叔湘先生在这本书的开头写道:“语言学的大厦不但需要有高明的工程师搞设计，也需要有很多辛勤的工人添砖加瓦。只以几张蓝图为满足是无异于画饼充饥的。”可以看出，吕叔湘先生对于祖国语言文字的发展充满着期望。

语言的规范化是一个影响整个社会的大问题，语言的规范化不但要有“蓝图”，也需要从小处入手，一个问题一个问题地探

讨解决。吕叔湘先生在这方面为我们做出了榜样。他有一个习惯，平时读报、听广播时，一发现问题就立即记录下来，然后写成短文，发表在各种报刊上，教大家怎样说话，怎样写文章，怎样正确地表达。在《语文杂记》这本书中，他对语法、语义、修辞等等问题都以实例的形式做了探讨，有些问题至今也是我们经常遇到的。比如他在书中谈到的"莫须有"，"语句次序"，"'把'字的用法"，"关于'的''地''得'"，"同义反复的修辞效果"，"连动、联谓和标点"，等等。这些都是语言文字的一些基本的要求，但是作为文字工作者的我们，对这些基本要求的掌握和研究并不十分到位，甚至对一些问题还一知半解。

吕叔湘先生 84 岁时在这本书的《后序》里面说："年纪大了，精力差了，别的工作已经够我应付的，不大可能顾得上写这些个东西了。但是也很难说。窗明几净，偶得少闲，看报读书，忽有触发，于是欣然命篇，这样的事情也许还是会有的吧。"吕叔湘先生的许多文章都是在"年纪大、精力差、顾不上"的情形下写出来的。比如，为查证"生前、身后"对举的由来，他翻阅了许多典籍，并先后为其做了"后记"和"补记"。他在"补记"中写道："陆机《豪士赋序》(《昭明文选》卷 46）有云：'游子殉高位于生前，志士思垂名于身后。'这大概是最早的例子了。"此时的吕叔湘先生已是 86 岁高龄。足见其勤奋之精神。

二、博学广记，严谨求精，于细微处见精神

作为语言学家的吕叔湘先生，在博学广记方面十分让人敬佩。也可以说是他的勤奋耕耘造就了他的博学。比如他在讲解"莫须有"这个词时，就引用了《宋史·岳飞传》《续资治通鉴》《癸巳存稿》《论语》《过庭录》《河南程氏遗书》《朱子语类》《曲洧旧闻》

《绍兴甲寅通和录》《搜神记》等近20部著作中的文字。这20部著作中的一些篇章，为许多读者所未闻。又如他在《博喻》一文中用到的例子都是他平时积累下来的，像1982年10月《北京文学》中的“因为他同时也感到一个‘共产党阿囡’的真实存在，如同战士找到了哨位，钥匙找到了锁孔，琴找到了弦，弓找到了箭，丽达有了手枪，保尔骑上了战马”，像《百步洪》中的“有如兔走鹰隼落，骏马下注千丈坡，断弦离柱箭脱手，飞电过隙珠翻荷”，像《金刚经》中的“一切有为法，如梦、幻、泡、影，如露亦如电，当作如是观”。这些都是吕叔湘先生博学广记的明证。

吕叔湘先生对治学的态度更加值得后人学习，他始终抱着一种严谨治学的精神，日积月累笔耕不辍。他为自己的这本小册子做的“后记”“补记”多达15处，对一个问题的研究每有新的发现就记录下来，日积月累，积水成溪。比如他在《说“该”》一文的“后记”里写道：“最近在汪曾祺的小说《皮凤三楦房子》里看到一段关于‘该人’的按语：‘按：“该人”一词见之于政工干部在外调材料之类后面所加的附注中，他们如认为被调查的人本身有问题，就提笔写道：“该人”如何如何，“所提供情况仅供参考”云云’。看来‘该人’见于文字是不早的。”又如他在讨论“的”“得”“地”的问题时，连续写了三篇文章，分别是《关于“的”“得”“地”的分别》《再论“的”“得”“地”的分合问题》《驱之不去的“的”》，对“的”“得”“地”的使用问题讲得十分透彻。

吕叔湘先生还曾写过一篇题为《报刊求疵录——不是小事的“小事”》的文章，他在文中写道：“两年前我写过一篇《错字小议》，发表之后，有的朋友跟我说，文章好坏涉及的问题很多，错字是小事，不值得大惊小怪，我也就不再谈错字问题。早一程子常常闹病，不能认真工作，不免消磨些时间在新出的报刊上，看到一些错误，又忍不住要记下来。不知不觉积累了若干条。”“那么，这些错误是不是小事呢？我觉得这得看当事人的态度。如果他觉得很抱歉，决心以后更加认真注意，避免再发生同类错误，那么这一次确实可以算是小事。如果他认为这是小事一端，无伤大雅，并且把这种态度传染给别人，以致马虎成为习惯，苟且成为风气，那就不是小事了。大凡一个人对待工作总有一个基本态度，或是认真，或是不认真。在文字工作上马马虎虎的人大概对待别的工作也不会很认真。”吕叔湘先生身体力行的这种对文字工作认真的态度，对我们新闻工作者来讲尤为重要，也是我们办刊办报的人应该树立的一种观念。

除了对语言文字的相关问题做探讨外，吕叔湘先生还对新闻稿件中的一些问题做了一针见血的指正。比如他在看了《“一二·九”纪念亭在京奠基》这则消息后，发出了这样的疑问：“这‘一二·九’纪念亭建在哪儿呀？这不比有多少人参加奠基仪式更重要吗？”他在看了《〈伊凡雷帝传〉翻译出版》这则消息后，又问道：“这么一本重要著作的著者是谁啊？又是谁把它翻译成中文的啊？不知道。”这些对我们新闻工作者如何去把握核心信息，把最重要的、读者最需要的信息传达给读者，是很重要的启示。

由此，我们不得不敬佩吕叔湘先生严谨求精的治学精神。几十年前写的文章还不忘寻找证据继续研究。这正是我们文字工作者需要培养的一种治学精神。时下，社会盛行快餐文化，作家高产的现象层出不穷，有的人一年能出四五部甚至十几部书，然而书一旦推向社会就万事大吉了，写书之人甚至都不再翻看自己的书，书中的不妥观点和谬误也不再更正，似乎那已与己无关了。文中的不妥之处也就堂而皇之地放过了。这种不负责任的态度与文字工作者的身份无论如何是不相称的。

三、浅显易懂，言简意赅，娓娓之中现大家风范

《语文杂记》这本书（包括《未晚斋语文漫谈》在内）共谈论语言问题141个，其文字可谓浅显易懂，可作者把要讲的道理和深层次的问题又都讲清楚了，读者读起来丝毫不感到吃力。比如作者在《学文杂感》这篇杂记里讲述"写"和"改"的关系时说，"好文章是改出来的。古今中外有名作家修改文稿的故事很多，我不想重复引述。我的看法是：下笔成文者有之，改而改坏者也有之，但都是少数。多数情形，甚至可以说是大多数情形是改好了的。"三言两语就阐明了作者支持修改文章的观点。接着他在阐述作者下功夫修改文章的必要时说，"作者不流汗就要读者流汗。作者只一人，读者千千万。为多数人的方便牺牲一个人的方便是应该的。"比喻形象生动，贴切恰当，说服力也就不言而喻了。

吕叔湘先生还善于长话短说。他在讲述"整齐和参差之美"时写道："在一切艺术作品里都可以有整齐的美，也都可以有参差的美。"并举了《小说选刊》上的一个例子："我们那时想笑则笑，欲哭就哭，要骂便骂……做文做人首要的就是真实。"然后他自言自语似的问道："是这样好呢，还是重复相同的字眼好，比如'要笑就笑，要哭就哭，要骂就骂'？见仁见智，请教读者。"读来亲切自然，通俗易懂。又如他的《看》这篇短文："可以说'明年看今年'，也可以说'今年看明年'，两句的意思差不多，可是两个'看'字的意思不一样。第一句的'看'含有'视……为转移'的意思，第二句的'看'含有'可预见'的意思。"全文仅有60余字，简洁利落，言简意赅，不拖泥带水。

由此我想到了现今图书市场上的一些不良现象，书籍单纯求厚求多，有些书籍少则数十万字，多则百余万字，有些作者故意将文字写得长而又长，读者读了10多页了，主人公是谁都没弄

清楚。又如一些新闻报道，空洞无味，虚词满篇，甚至使用一些脱离大众语言的艰涩词句，完全背离了新闻语言客观、准确、简洁的基本要求。这与吕叔湘先生那些浅显易懂、言简意赅的文字相比，可谓天差地别。

娓娓之中展现大家风范，这种功力不是什么人想有就能有的，是必须经过千锤百炼之后才能获得的。吕叔湘先生所拥有的这种功力是跟他持之以恒地钻研语言文字、探索现代汉语应用规范分不开的。吕叔湘先生从事语言文字研究工作 70 余年，共出版专著和编译 20 余种，发表论文和其他文章 600 余篇。其勤奋刻苦，孜孜以求的精神为后人所敬仰。作为文字工作者，我们必须时刻绷紧锤炼语言文字这根弦，注重积累和钻研，用勤奋和认真担起文字工作者肩负的使命。

作品来源

《军事记者》2009 年 10 月。

吕叔湘先生在《语文常谈》的序言中说：“给这些文章取这么个名字，无非是说，这些文章内容既平淡无奇，行文也没有引经据典，当不起‘概论’‘基础’之类的美名，叫做‘常谈’比较恰当。”那么通过学习，你是怎么看待吕先生和他的这本“小书”的呢？

第二章

他山之石·文章赏析

吕叔湘先生对准确、规范应用语言的巨大贡献

李行健

师长导读

吕叔湘先生一生从事语言研究和语言教学工作，在语言学的众多领域都有重要的贡献。他在普通语言学、汉语语法学、词汇学、方言学、辞书学、翻译学、近代汉语和语文教学等方面都有丰富的论著，在不少问题上取得了创造性的、为世人瞩目的成就，成为我国现代语言学的一代宗师。

在学习、继续先生的业绩过程中，我认为我们对吕先生在倡导和推动准确、规范应用语言方面的卓越贡献，还没有引起应有的重视，研究探讨得不够。在纪念先生百年诞辰之际，根据我在先生身边学习、工作十多年中耳濡目染的感受，谈谈这方面的心得和认识。

一、准确、规范应用语言是一个社会问题

语言是最重要的社会交际工具，具有很强的社会性。这个工具的作用发挥得如何，就看人们是否准确、规范地去使用它。吕先生特别重视这个问题，所以他对语言应用情况观察得非常深入仔细，对如何应用语言有许多独到的意见。

先生说："说话和走路不同，不是一种个人的行为，是一种社会的行为。说得明白些，要有人听着，我们才说话。"（1—1，前一数字为辽宁教育出版社，2002 年版，《吕叔湘全集》卷数，后一数字为页码，下同）先生把应用语言的社会性和应具有的群众观点，说得非常通俗明了。用语言同人交流，要人家明白，就必须符合社会约定俗成的原则，要有社会责任感。为什么要这样呢？因为应用语言"看上去是一件小事，内容比文辞更重要。然而仔细一想，倒也不是一件小事。你著书立说，为的是什么？还不是为了宣传你的理论，为了使别人信服？这就有赖于文辞。"（7—18）如果不重视应用问题，不仅达不到相互了解和沟通的目的，还可能引出歧义或产生误解，违背了我们使用语言的目的。先生曾举一个很风趣的事例说明这件事。1951 年，中央为了纠正语言应用中的混乱、促进语言的规范化，请先生撰写《语法修辞讲话》，从当年 6 月 6 日开始在《人民日报》连载。《语法修辞讲话》合订本出版后，先生专门送了一本给他清华任教时的同事王瑶先生。王先生是现代文学史专家、文艺理论家，平常对人对事都认真严格。一个月后两人见面，吕先生问他对《语法修辞讲话》的意见。王先生只淡淡地说："还看得下去。"我们当时听吕先生说到这里，以为王瑶先生太不客气了。吕先生却说，我听了很高兴，这个评价已经很高了。你想，一个搞文学史的专家，愿意把一本讲语法修辞的书看下去，很不简单了。先生特别加重语气说，至少说明我和德熙（该书系与朱德熙先生合著）用的语言还能让人读下去吧！这件事在先生的《全集》中有记载，只不过未说明那位先生是谁。先生讲完这件事后，谆谆教导我们说，"所以我说不要把写文章看作无足轻重的小事。"1994 年吕先生在一篇关于《语法修辞讲话》写作经过的访谈录中说起王瑶先生评书这件事时，还语重心长地说："我希望广大的青少年朋友，要学点语文知识，要

注意正确使用祖国的语言文字，千万不要把这件事看作不值一提的小事。”（《语文世界》1994 年第 2 期）

正因为吕先生如此重视语言的应用，所以他才会敏锐地察觉到实际语言中人们不易觉察的一些问题。我记得 1984 年的一天，我和陈章太同志去先生家，章太当时担任中国语言学会秘书长，先生是学会会长。章太起草了一个学会的“通知”送呈先生审阅。事前章太已经反复审阅过，他让我看，也没有看出什么问题，可先生读后却指出三处语言上的毛病。一是“通知”中说“一次交会费 10 元，成为终身会员”，先生问是每一次交 10 元还是总共只一次交 10 元？这个话有歧义。二是“通知”说选举不得超过被选举规定的人数，如果超过了要“以废票论处”。先生说，超过了算废票就行了，你还怎么去“论处”呢？三是“通知”说选票必须某月月底前寄回，过期无效。先生说正式的文件中，不应说“月底”，应说该月 30（或 31）日前。因为“月底”是时段，而确定的某一天才是时点。先生挑出的这些毛病，让我们深受教益。这既反映了先生对语言应用的严肃认真态度，也体现出先生深厚的语言艺术修养。

二、为了准确、规范应用好语言，必须认真研究语言

应用语言的能力不是天生的，而是后天培养学习获得的，为了尽快、有效地获得应用语言的能力，就要对语言深入研究，揭示语言应用的内在规律。为此，语言研究应该注重解决应用中的问题。先生说：“解决问题是研究的动机，没有问题哪来研究的要求？”（7—123）“我们不是为语言本身而研究语言，像某些西方语言学家所主张的那样。我们研究语言是为了更好地学习和使用语言”（7—35）。而解决的途径，先生认为首先在于“对实际用例多做调查”。先生写《语法修辞讲话》时，就先收集了近万条

正误用例进行分析，完全“侧重在应用方面，所引的例子，错误的或有问题的要比正确的多得多”（4—6），因为“这个讲话的目的是帮助学习写文章的人把文章写通顺”（4—1）。

对所收集到的语言应用中的问题，如何经过分析归纳，找出规律，用来正确指导语言应用，吕先生特别强调要“用有限的格式去说明繁简多方、变化无穷的语句，这应该是语法分析的最终目的，也应该是对于学习的人更有用的工作”（2—533）。我们分析研究语法可以条分缕析，繁琐一点关系不大，但指导语言应用，却应该以简驭繁，也就是先生指出的，用有限的格式去说明变化无穷的语句。这可能正是吕先生的语法普及读物受人欢迎，对指导应用确实有效的重要原因。

在注重语言应用研究这个正确方向指引下，我国的语言研究取得了很大的成绩。但比起应用的需要来看，吕先生认为，“我常常有一种感觉，就是现在的语法研究工作，用法研究还没有得到它应有的重视”（《理论研究和用法研究》见《语法研究和探索》六）。这一忠告对今天的语言研究、特别是语法研究仍有指导意义。

说到语言的社会应用，就必须正视语言本身的规范问题。因为要把语言应用好，自然就要求语言本身尽可能有明确的标准，有共同的应用规范。只有这样的语言，才能很好地为人们交际服务，才可能成为全民通用的语言。为此，吕先生提出：“在当前的语文工作中，首要的工作是促进现代汉语的规范化，也就是促进标准语（文学语言）的确立和普及。”（12—23）先生认为“现代汉语规范化是汉语研究的中心任务。”（12—61）先生更进一步强调：“汉语研究工作者当前的首要任务是促进汉语的规范化。”（7—22）先生几十年前的教导，对我们今天的语言研究工作，同样具有指导意义。随着我国普通话的推广，文化教育的普及，国家规范标准的进一步完备，《中华人民共和国国家通用语言文字法》的颁布，现代汉语规范化的程度已经大大提高。语言规范化大大方便了人与人之间的交流，有力地促进了社会的安定团结，促进了国内各民族的交往和国家的统一，推动了教育和科技的发展；特别是信息化社会的到来，更有赖于语言的更高程度的标准化和规范化。显然，语言规范化工作还任重道远，是摆在广大语文工作者面前的重要任务。只有有力地促进现代汉语的规范化，才能达到社会准确、规范应用语言的目的，才能使语文工作更好地为振兴中华民族服务。

与此同时，必须消除规范化影响语言多样化的不正确认识。先生说："语言规范化和文体多样化是不矛盾的，和个人风格也是不矛盾的……这就是说，文学语言，尽管是有一定规范一定标准的语言，它的天地是宽大的，是可以让每一个人自由发展他的个性的。但是正如一切自由都有限制一样，语言的使用也不可能有绝对的自由。写文章和说话可以有种种自由，可是不能有'不通'的自由，这是语言作为人类社会交际工具不可避免地要产生的限制。"（12—47）

三、要重视语言教学和语言知识的普及

要准确、规范应用语言，必须重视语言文字的教学工作，重视语言知识的普及工作。人们只有具备了必要的语言知识，才能把语言应用好。吕先生说："为了人民大众能够掌握祖国的语言文字，进一步学习文化、科学、技术。我们的首要任务是普及语文知识，提高人民大众的阅读和写作能力……过去语文专家很少注意普及语文知识的问题。"（12—31）

吕先生在普及语文知识方面也有他独到的见解。他把语文知识分为"宏观语文知识"和"微观语文知识"，把教育人们热爱祖国的语言作为普及语文知识的重要目标。先生认为教学中只讲

微观知识，如词的意义和用法、句式的种类等具体的运用语言的知识是不够的。他认为，还应从大语文角度让人知道一些汉语的历史、方言和民族共同语的现状，文字和语言的关系，推广普通话和语文规范化等等问题。宏观和微观语言知识可以互补，相得益彰。吕先生还进一步指出“语文运用和语文知识比较”，语文运用是主要的，语文知识是次要的，但这不等于贬低语文知识的作用。吕先生在阐明语文知识的众多作用时特别指出：“语文知识还有一个作用，那就是引导学生去理解祖国语言，去欣赏祖国语言，去热爱祖国语言。”（11—119）他还强调，要“在初学写作者中间普及语法修辞常识，减少遣词造句方面的毛病”（4—3）。可见先生把语文知识作为帮助提高运用语言的能力来定位的。

在我国众多语言学家中，吕叔湘先生是非常重视语文知识普及的学者。他的学术著作很多，普及语文知识的读物也十分丰富，有大部头的《语法修辞讲话》，也有像《语文常谈》这样的小册子，成绩非常突出。

在语文教育方面，先生主张语文教育要“不失时机地、全面地发展儿童的听、说、读、写的能力”，“最重要的一个环节是早期的语文教育”（11—255）。也就是说，语文教育也要从娃娃抓起，因为儿童阶段是学习语言的最佳时期。先生说，“我们研究语言是为了更好地学习和使用语言，那就不容许忽视语言文字的教学问题”，因为“语言文字教学的研究也是语言研究工作者分内的事情”（7—34、35）。先生主张语文教学要以语言（口语）为基础和门径，以文字（书面语）为重点和主导，走口语和书面语并举、听说读写全面发展的道路，使语文教学理论与实践回归到语文本体上来（11—29）。先生在语文教学方面有许多精辟的见解、创造性的思路。他曾亲自担任中学语文教学研究会的第一任会长。先生关于语文教学的论文和零散的论述很多，在他的著作中占有相当大的比重，已专门编辑出版的就有好几本。著名语言学家张志公先生认为，吕叔湘先生对“基础教育中的语文教育和外语教育的贡献，几乎不小于他对语言科学，尤其是语法科学的贡献”（《吕叔湘先生和中小学语言教育》）。吕先生一生花费这么大的精力去关注语文教学，因为他深知只有做好这件事，才能使社会语言应用有望达到准确、规范的要求。先生在 1994 年给《语文世界》杂志创刊号题词：“学好语文是学好一切的根本。”这是对语文学习最科学、最完整的概括。这同中央提出的素质教育要求是完全一致的，在《中共中央、国务院关于深化教育改革全面推进素质教育的决定》要求培养学生的五种能力中，语言文字应用能力是其他四种能力的基础。

四、身体力行，准确、规范应用现代汉语的典范

吕先生写的文章很容易懂，不管谈一般知识还是讨论高深的理论，他都能做到深入浅出，让人有兴趣读下去。这正是先生一生追求语言应用的最高境界。先生曾说：“摆脱形式主义，针对实际需要写，要写得叫人看得放不下，至少能愉快地看下去。”（19—725）正如前文所说，他很满意王瑶先生对《语法修辞讲话》的评语“还看得下去”。自然，要达到先生这种境界是很不容易的。先生能达到那样高的水平，也是经过长期修养和锤炼达到的。

首先，思想上要重视语言运用。先生一贯认为语言应用不是个人的问题，说话、写作是同人交流，就要让人明白，容易理解，不能马马虎虎。吕先生说：“只要写的时候留意一点，写了之后再检查一下，自然能减少错误。久而久之，成了习惯，也就不觉得拘束了。”（4—引言 6）这之后说话和写作自然就可减少许多毛病。

其次，要认真推敲和修改。吕先生说：“写文章的人多推敲推敲，会减少许多人说话的毛病；而说话的人稍为留心一点，对于

学着写文章的人也会有点好处，（4—引言 7）并且要养成一种鉴别好和坏、正和误的能力，然后阅读的时候才能判断别人的文章哪些地方可以取法，写作的时候才能检点自己的文章哪些地方应该修正。”（4—2）这是吕先生告诉我们如何从自己和别人说话和写作中，学习语言应用的有效方法。

再次，正确认识语言运用的过程和规律。吕先生十分深刻地揭示了这个前人没有说清楚的问题。先生说：“语言这种活动从头到尾就是一个不断选择的过程。即便是一句极其简单的话，也还是有选择字眼的问题，选择语调的问题。复杂一点的话就要选择从哪里说起，怎么一步一步接着说下去，取得自己希望取得的效果。平常不觉得，那是‘习焉不察’。语文水平的高低，其实质就是能否自觉不自觉地连续作出最好的选择。”（《重读吕叔湘·走进新课标》，2004 年，湖北教育出版社，（第 10 页）自然，能够不断做出最好的选择必须有一定的知识积累和能力的训练。

先生认为，“写文章有两个理想：一是谨严，一个字不能加，一个字不能减，一个字不能换；一是流畅，像吃鸭儿梨，又甜又爽口。这两种美德，有人长于此，有人长于彼；当然也可兼而有之，但是不容易。”（1—19）先生把自己的这个理想总结在一首诗中：“文章写就供人读，何事苦营八阵图。洗尽铅华呈本色，梳妆莫问入时无。”（19—748）。这首诗先生认为“辞虽谫陋，意则真诚”，所以不只在一处说到，可见先生认为这首诗总结出了语言应用的根本问题。

对先生最好的纪念，就是继承发扬先生的光辉思想，努力完成先生未竟的事业。这应当是广大语文工作者和先生的学生们责无旁贷的任务。

作品来源

《修辞学习》2005 年第 4 期。

汉语被字句对理想认知模式的偏离情况研究
——以吕叔湘先生的“人称代词疑问”为切入点

颜力涛 谢晓明

师长导读

被字句，语法句式之一，是用介词“被”构成的表示被动意义的句子，如“大家被美妙的歌声所吸引”。一般来说，被字句的主语是受事，“被”字所介系的名词是施事；谓语动词须是及物动词。有时“被”字直接用在动词之前，如“他被激怒了”。在古代被字句一般用于表达不幸或不快的遭遇，如“忠而被谤，能无怨乎？”后来使用范围扩大了，如“他被选为劳动模范。”在口语里常用“叫”“让”或“给”代替“被”字。

一、引 言

吕叔湘先生认为：“有些把字句改成被字句之后，叫人感觉没来由。‘干嘛这样说话？’特别是在有‘你’或‘我’牵涉在内的时候，往往不是叙述一件事情，而是叫人怎么样或者宣布自己要怎么样，这是不适宜用被字句表达的。”[1] 他还认为“要改成被

[1] 吕叔湘．汉语语法论文集 [M]. 北京：商务印书馆，1984：205.

字句，得改变句子的意义，使它成为叙述句”。如：

（1）你先把这杯酒喝了它再说。（非叙述句）

（2）* 这杯酒先被你喝了再说。（非叙述句）

（3）这杯酒又叫你喝了。（叙述句）

吕叔湘认为，“甚至非同时把‘你’、‘我’改为第三人不可”。如：

（4）咱们一定要把这个工作搞出个名堂来。（非叙述句）

（5）* 这个工作被咱们搞出个名堂来了。（非叙述句）

（6）这个工作被他们搞出个名堂来了。（叙述句）

（7）不能把节约叫做小气。（非叙述句）

（8）* 节约被你叫做小气。（非叙述句）

（9）节约被他们叫做小气。（叙述句）

但他也提出反例，认为：“就是叙述句，有‘你’、‘我’在内也常常叫人感觉别扭，改为第三人就好些。”如：

（10）他把信递给我。（叙述句）

（11）* 信被他递给我。（叙述句）

（12）信被他递给另外一个人（或“旁边的女同志”之类）。（叙述句）

（13）这样吧，我把我的小白鸡赔你。（叙述句）

（14）* 我的小白鸡被我赔 [了] 你。（叙述句）

（15）我的小白鸡被我赔 [了] 人。（叙述句）

吕叔湘又提出进一步的反例：“有些把字句，虽然没有‘你’、‘我’在内，或者虽然把‘你’、‘我’改成第三人，句子改成叙述句，仍然感觉不合适”。并举例分析如下：

（16）请你今天就把这个报告起个草。（非叙述句）

---

* 表示不适宜用被字句表达。

（17）* 这个报告被他今天起了个草。（叙述句）

（18）他不把这个当一回事。（叙述句）

（19）* 这个不被他当一回事。（叙述句）

吕叔湘的解释是“因为我们用被字句得有一定的动机，否则我们总是宁愿用中性句或者把字句。即使要用受事做主语，也不是非用被字不可”。可见，吕叔湘先生试图用叙述说对含有代词的被字句进行解释，但结果并不令吕先生满意。可见，叙述说的解释还是有一定局限的。

杉村博文部分地回答了吕叔湘先生的疑问：“被动句的施事成分很少由说话人充当。不仅汉语的情况如此，其他语言如日语、英语等也同样如此。”“功能句法学通常是从说话人的关注所在和叙事视角的角度对这一现象进行解释的，认为说话人对由自己发出的动作行为进行记述时，一般都要把自己作为第一位关心的对象并作为叙事的起点或背景进行记述的。”“如果被动句的施事成分由说话人充当，那么事端制造者（施事者）和影响蒙受者（说话人）就要重合在一个人身上，成为语义层面上的一种反身结构（即所谓‘自作自受’）。就被动句而言，事端制造者和影响蒙受者不同（‘我被张三打了’）是一般的、无标记的情况，使用频率较高；而相同（‘张三被我打了’）则是特殊的、有标记的情况，使用频率也就较低。”[1]

本文接下来，将具体针对叙述说的种种难题以及杉村博文（1998）没有完全回答完的问题，从人称代词所激活的理想认知模式入手，以第一、二人称为主线，结合对现当代文学作品的考察，对该类汉语被字句进行考察，并做深入分析。

---

[1] ［日］杉村博文．论现代汉语表“难事实现”的被动句[J]. 世界汉语教学，1998，（4）：58.

二、人称代词所激活的理想认知模式

人称代词可出现在以下两种语境中，分别构成两种不同的理想认知模式：

I 会话语境：由“说话者”“听话者”“旁观者”构成。在该语境中，第一人称理解为说话者，第二人称理解成听话者，第三人称理解成旁观者。人称代词在会话语境中，激活的理想认知模式要符合礼貌原则。有关 Leech 的礼貌原则，熊学亮、刘国辉有过详细论述[1]。按照礼貌原则，由第一人称到第三人称：受损程度逐渐递减，受惠程度逐渐递增；认同程度逐渐递减，分歧程度逐渐递增；同情程度逐渐递减，厌恶程度逐渐递增。这些构成会话语境下人称代词的理想认知模式。下文为叙述方便，我们称为人称代词的 A 模式。

Ⅱ叙述语境：由“叙述者”“被说及者（主人公、主角）”构成。在该语境中，第一、二人称并不一定等同于发话者和受话者。只有在发话者同时也是被说及者时，我们才有了第一人称；只有在受话者同时也是被说及者时，我们才有了第二人称。第三人称则比较简单，只要是发话者、受话者之外的被说及对象，那就一定是第三人称。人称代词在叙述语境中，激活的理想认知模式要符合生命度等级量表的要求。按照 Hopper & Thompson（1980）的生命度量表，由第一人称到第二人称：施动性逐渐递减。这些构成叙述语境下，人称代词的理想认知模式。下文为了叙述方便，我们称为人称代词的 B 模式。

---

[1] 熊学亮，刘国辉．也谈礼貌原则 [J]. 四川外语学院学报，2002,（3）：60–61.

三、会话语境背景下的“人称代词”与汉语被字句

由于会话语境总是发生在“言者”与“听者”间，所以，会话语境多数发生在第一人称与第二人称之间。

（一）第二人称的动作作用于第一人称

在统计语料中，我们发现：当第二人称动作作用于第一人称时，总表示“我”的“大体肯定”的语气。

（20）我也满足了，我这一辈子终是被你爱过的，爱人和被人爱就是幸福吧！（《废都》）

（21）柳月在心里说：你这话以前对我说，我都被你骗信了，今日还要想骗我吗？（《废都》）

例（20），我们可理解为“我”以得到“你”为最大的幸福，“你”有很大的主动权，“你”对“我”的爱，是对“我”的惠。反之，“我”则是“受损”的。显然，例（20）话中透露出来的是一丝“受损”的意思。例（21）也是“我”受了骗，“受损”了。由以上例子我们发现：当“我”相对“你”来说，成为受损的一方时，句子是成立的。

有时，反映的是“我”“嘲讽”的口气。例如：

（22）鹤荪对刘守华道：“什么事又被你看见了，要你这样当众宣布？”（《金粉世家》）

（23）但是有才有色的妇人，天下多得很，我果然就被你威胁着吗？我就不回来，看你怎样办？（《金粉世家》）

例（22）中“你”相对“我”（鹤荪）是“受惠”的，因为“看见了新发生的事”，获取了新信息。例（23）中“我”相对“你”是“受损”的，因为受到了“威胁”。因此，并不违背礼貌原则，符合人称代词所激活的理想认知模式 A 模式。

（二）第一人称的动作作用于第二人称

在统计语料中，我们发现：当第一人称动作作用于第二人称时，总隐含着“我”对“你”“提示”“确认”的意思。例如：

（24）你被接纳为中共党员了。(《白鹿原》)

（25）阿灿伸了手来擦眼泪,说:“你真的被我吓着了？！”(《废都》)

例（25）中“被”字后宾语是“我”，例（24）中“被”字后虽无宾语，但如果补出，也应该是“我”。例（24）中“你”相对“我”受惠，“我”无所谓受损，与礼貌原则一致。例（25）表面上看，“你”相对“我”受损，但实际上，伴有了“阿灿”自责的口气，因此也与礼貌原则一致，符合人称代词所激活的理想认知模式A模式。

（三）汉语被字句符合人称代词所激活的理想认知模式A模式

以上研究表明：在会话语境中，礼貌原则起支配作用，违背礼貌原则的汉语被字句不成立，汉语被字句要符合人称代词所激活的理想认知模式A模式。

四、叙述语境背景下的“人称代词”与汉语被字句

（一）第一人称问题

1. 做主语的第一人称。第一人称做主语时，总隐含着自己受到了不公或无礼的待遇。例如：

（26）我被众人当尻子笑了！我没法活了！（《白鹿原》）

（27）我被当孙子似的耍了，行，你还有两下子。(《便衣警察》)

有时隐含着某种意外、不幸或不自主。例如：

（28）我被从来没有过的那么多鸟叫声惊醒了。（《尘埃落定》）

（29）多亏你给我说明了这个消息，临到我被装麻袋时我就不惧怕了。（《白鹿原》）

（30）我被领上楼在火盆边烤打湿的衣服。（《尘埃落定》）

有时，这种意外、不幸或不自主是隐性、抽象的。例如：

（31）被我洒了身牛奶的小伙子扭头看见谭丽，和她打招呼，瞧瞧我，“你们认识？”（《玩的就是心跳》）

（32）“谁告诉大娘我被丢了？”姜永泉有些惊奇地问。（《苦菜花》）

在统计的语料中，叙述语境下被字后的宾语基本都没有第一或第二人称的出现。换句话说，就是做主语的第一人称与被字后的第一或第二人称宾语基本不兼容。这些例子都偏离了人称代词所激活的理想认知模式B模式，即出现了施受关系倒置的现象。

2. 做被字宾语的第一人称。第一人称做被字宾语时，总隐含着叙述者与当事者的主观性分离，以便对自我作内省式的评价。有的强调叙述的客观性。如：

（33）要看到胡宗南的主力被我们吸引到这里，成为一步死棋，这对全国战局是大有用处的。（《保卫延安》）

（34）杨子荣化装成已被消灭的另一伙土匪许大马棒的饲马副官胡彪，只身来到威虎山。

有的强调数量多、程度深：

（35）不行的，河东狮还在家里吼着呢，她盯我的梢的，被我发现了几次，下了班就来车库监视我的车，我现在一点转身的余地都没有。（《海棠花》）

（36）你知不知道，吴秘书被我赶走了！（《海棠花》）

有的强调有重大收获与发现：

（37）驻守泰安城的整编七十二师全部连同整编十一师（蒋军五大主力之一）的一个侦察营，共二万四千多人被我歼灭。（《红日》）

（38）我搜寻着，不相信他们能掰得这么干净，一穗也不剩？果然被我找到一穗玉米，剥开皮，咯嘣咯嘣啃着吃，好久好久没吃粮食了，牙酸牙晃，玉米清香。（《丰乳肥臀》）

有的是为了保持说话者自己较高的身份地位：

（39）那时被我喜爱的歌子是《阿洛淖尔》，一支简单明快的骏马赞歌。（《黑骏马》）

（40）蓉儿被我娇纵坏了，你须得容让三分。（《射雕英雄传》）

有的有把错误归因的意思：

（41）可是妈先走了，想到那许多本可以给妈无限慰藉，欢愉的、和妈单独相处的时光却被我白白地丢弃了，那悔恨对我的折磨是永远平息不了的。（《世界上最疼我的那个人去了》）

（42）不瞒你说，这包里原来还有一些钱，被我花了。（《玩的就是心跳》）

有的隐含着夸大自己能力的意思：

（43）没事，八路在那里被我教训了一下，那些野鸭子是被吃死尸的老鹰吓飞的。（《丰乳肥臀》）

（44）不用验了，他是被我打死的，我先用小板凳砍他，又用门闩砸他，当时，他正卡着鸟儿韩的脖子。（《丰乳肥臀》）

有的是为了维护篇章中的话语衔接。例如：

（45）那是被我们杀死的多吉次仁的老婆和两个儿子，背后是那具倒吊着的尸体，在木桩上轻轻摇晃。（《尘埃落定》）

（46）傻子，这个词在短短的时间里，被我赋予了新的、广泛的意义。（《尘埃落定》）

例（45）与（46）的话题都不是“我”，为了保持前后话题的连贯，用了被字句。

（47）后来，西藏的王国崩溃了。远征到这里的贵族们，几乎都忘记了西藏是我们的故乡。不仅如此，我们还渐渐忘记了故乡的语言。我们现在操的都是被我们征服了的土著人的语言。(《尘埃落定》)

（48）我的业余爱好就是躺在窗帘紧闭的黑暗的大床上想象他们被我传染上之后的倒霉样儿。(《大浴女》)

例（47）与（48）都是以“我”为起点叙述的，为了避免重复累赘，用了被字句。

在统计的语料中，被字的主语基本很少有第一或第二人称的出现。换句话说，就是做主语的第一或第二人称与被字后的第一人称宾语也基本是不兼容的。这些例子都未偏离人称代词所激活的理想认知模式 B 模式，即未出现施受关系倒置的现象，但这些却以话语的主观性增强为代价。

（二）第二人称问题

1. 做主语的第二人称。总是强调“你”遭遇或间接遭遇了某些不幸的事。如：

（49）方雨珠神秘地眨了眨眼睛，说道:“他们说，你被停职反省了。”(《大雪无痕》)

（50）我这么看，你被人家宽大放回来，我受过人家的恩惠。领导上一举一动都是为国家为穷人，帮助他们就等于帮助自己。(《野火春风斗古城》)

在统计语料中，叙述语境下被字后的宾语基本都没有第一或第二人称的出现。换句话说，就是做主语的第二人称与被字后的第一或第二人称宾语基本不兼容。这些例子都偏离了人称代词所激活的理想认知模式 B 模式，即出现了施受关系倒置的现象。但也不尽然，被字后偶尔有第一人称的用例。例如：

（51）流苏道：“因为你被我传染上了傻气，是不是？”（《倾城之恋》）

（52）你被我逼迫，勉强答应，那也是算不了数的。（《射雕英雄传》）

但我们发现这样的被字句都以“背景”的身份出现，而不能以“图形”的形式出现。例如：

（51）*流苏道：“原来是你被我传染上了傻气！”

（52）*你勉强答应，是因为你被我逼迫。

而偏离了人称代词所激活的理想认知模式B模式的，却不受此限制。例如，例（49）的“你被停职反省了”是“图形”，例（50）的“你被人家宽大放回来”是“背景”。

由此可见，在叙述语境中，当主语是第二人称时，被字句都偏离了人称代词所激活的理想认知模式B模式，少数例外是背景化的结果。

2. 做被字宾语的第二人称。总有归因的意思，有的是把责任归过于“你”。例如：

（53）现在被你看得紧紧的，我的儿子不看着未来，还能看什么？（《尘埃落定》）

（54）二姐恼怒地说：“娘，一场好戏，全被你搅了！”（《丰乳肥臀》）

语料统计时，我们发现敬称的“您”居然也出现在这样“归责”的句子里。例如：

（55）“不错，是三块，当年‘玉魔’老先生收藏的三块玉玦，他过世之后，都让您给买去了”，韩子奇的双眼突然放射出一股咄咄逼人的寒光。可是，那两块被您打碎了，只留下这一块稀世珍宝，高价卖给了沙蒙·亨特先生！我大概没说错吧？师傅！”

（《穆斯林的葬礼》）

（56）实在说，我根本没有想到我和他的爱情还要得到您的同意，我只认为爱是自发的、天然的、无条件的、神圣不可侵犯的，却没有料到会被您扼杀，并且不惜以女儿的生命为代价——您明明知道这是女儿活在人世的最后一点儿希望了！（《穆斯林的葬礼》）

从例（55）与（56）来看，这主要是"您"的高地位和叙述者对"您"行为的不认同所致。在说话时，既表达出叙述者的不满，同时又照顾到听话者的面子所致。

有的是把功劳归功于"你"。例如：

（57）张啸华道："一个蚂蚁窝，被你破获，蚁王被消灭。可只要剩下几个蚂蚁，立刻就会生成新蚁群，选举出新蚁王。"（《黑冰》）

（58）大师，你若是男身，又不出家，像士奇这些人真得卷铺盖回乡再读十年书！——刚才，正巧被你说准了！（《康熙大帝》）

在统计的语料中，叙述语境中被字的主语基本都没有第一或第二人称的出现。换句话说，就是做主语的第一或第二人称与被字后的第二人称宾语基本不兼容。语料中大量的是主语第三人称的例子。这说明，这类被字句都未偏离人称代词所激活的理想认知模式 B 模式，即未出现施受关系倒置的现象。从上面的例子看，主要是主观归因在起作用，即受主观化的影响。被字主语偶尔也有第一人称的用例，但极少。例如：

（59）我已被你包围住，你要杀我，便如是宰羊一般容易。（《射雕英雄传》）

（60）我可不是好好地，谁说我被你娇纵坏了？（《射雕英雄传》）

从句子表达看，更是倾向于客观叙述，未发生主观化，所以，偏离了人称代词所激活的理想认知模式 B 模式。

3. 汉语被字句偏离人称代词所激活的理想认知模式 B 模式问

题。以上研究表明：在叙述语境中，施受关系倒置的规则起支配作用，即汉语被字句要偏离人称代词所激活的理想认知模式B模式，但当句子发生背景化或主观化时，又可以不受此规则的限制，即不发生偏离。

五、小结

在会话语境中，礼貌原则起支配作用，违背礼貌原则的汉语被字句不成立，汉语被字句要符合人称代词所激活的理想认知模式A模式。

在叙述语境中，施受关系倒置的规则起支配作用，即汉语被字句要偏离人称代词所激活的理想认知模式B模式，但当句子发生背景化或主观化时，又可以不受此规则的限制，即不发生偏离。

作品来源

《学术交流》2013年12月。

洗尽铅华呈本色
——吕叔湘谈治学

江蓝生

师长导读

吕叔湘先生是我国语言学界的一代宗师，近代汉语语法的开创人之一，为推广普通话、促进汉语言的规范作出了重要贡献。他辩证的学习思想和严谨、务实的学风，向来为学界所敬仰。

一、处理好四种关系

吕叔湘在《把我国语言科学推向前进》一文中，阐述了语言研究如何处理中和外、虚和实、动和静、通和专这四对基本关系。这是吕叔湘数十年来从事语言研究和教学工作的经验总结，集中反映了他辩证的学术思想。

中西方理论相结合。吕叔湘很注重对西方语言学理论和方法的借鉴，始终把国外的理论和方法当作研究汉语自身规律的工具和桥梁。他说："重要的是学习西方学者研究语言的方法，而不是套用他们的研究成果。"吕叔湘批评了谨守中国语言学的旧传统，对国外的东西一概不闻不问和不结合中国实际，空讲、照搬外国学说的两种偏向，提出："如果从中国传统语言学入手的人能在吸收西方语言学方面下点功夫，如果从西方语言学入手的人能在结合中国语言实际上下点功夫，那就最好了。”他在为龚千炎的《中国语法学史稿》所作的序里说，过去中国没有系统的语法论著，所有的理论都是外来的。“问题是不论什么理论都得结合汉语的实际，可是‘结合’两字谈何容易，机械地照搬乃至削足适履的事情不是没有发生过。”这里，“谈何容易”四个字正道出了吕叔湘在这方面苦苦探索的艰辛，而他的学术成就表明他是中西结合的典范。

理论从实验中来。吕叔湘很重视理论研究，认为正确的理论能引导人们去发现事实。但是他说:“理论从哪里来？从事例中来。事例从哪里来？从观察中来，从实验中来。”他自己在研究过程中就很注意调查语言事实，认为解决问题的途径首先在于做调查。个别青年人误以为吕叔湘不重视理论研究，其实他反对的只是那种不想通过辛勤劳动就奢谈理论的路子，也就是那种用小本钱做大买卖，或是根本没本钱就想做大买卖的空头理论家。

口语是文字的根本。吕叔湘说对语言进行静态研究很重要，是根本，但不应到此为止，应当重视研究人们怎样使用语言。他很重视口语的研究，认为偏重书面材料，忽视口头材料的倾向是不对的，“口语至少跟文字同样重要，如果不是更重要的话。许多语文学家认为口语更重要，因为口语是文字的根本。”他鼓励研究人员做口语调查。这些都反映了他动态的语言观。与此相关，吕叔湘既重视基础理论研究，同时也很重视应用研究、用法研究，在这两方面都取得了突出的成就。我国第一部语法词典《现代汉语八百词》就是由他主编的，这本书把现代汉语语法落实到虚词的用法上，成为汉语教学不可缺少的工具书。

画地为牢不是好办法。吕叔湘非常关心学科人才的成长，提醒他们一定要解决好通和专的关系，他多次指出我们的大学教员、研究人员专业分工过细："画地为牢不是好办法，目光局限，不利于进步。"同时他认为教学跟研究分家，研究所跟大学分家，以及中文系跟外语系之间互不通气的现状有很多弊病，很难培养出大量合格的语言研究工作者。

二、严谨、务实的学风

吕叔湘在晚年一份自述的简历中把自己的治学原则总结为"强调广搜事例，归纳条理，反对摭拾新奇，游谈无根"。

写文章要凭材料说话。吕叔湘认为，搞研究、写文章一定要占有丰富的语言材料，决不能空口说白话。他经常告诫学生用材料尽可能用第一手材料，因为第二手材料有时候不可靠；引用译文最好要核对外文原文，因为有的译文靠不住。他自己做学问一直遵循这个原则，他的文章材料翔实，言必有据，有一分材料说一分话。

切忌一切"从我开始"。吕叔湘反复强调做研究工作的第一步是阅读和了解前人和当代的有关论著，千万不能闭目塞听，对学术动态不闻不问，对别人的相关研究漠不关心，一切"从我开始"。有的人自以为有所发现，殊不知别人早有研究，他不过是低水平重复而已。吕叔湘提醒学生，参考了别人的论著，应该一一注明，即使是平时口头交谈听来的，写文章时也要注明是某某人说的，不能"窃为已有"。

留有余地，不说满话。吕叔湘的文章都是摆事实，讲道理，说话总带商量的口气，从来不说满话、过头话。他总是客观公允地评论他人之说，即使有不同意见也不全盘否定对方，而是心平气和地跟对方讨论，显现出大学者的风度。有些问题一时难以下结论，他就主张先搁下，留待以后再说，千万不可强为之说。他长期钻研汉语语法，深知其中问题复杂，而且解决的方法也不限于一种，因此他不赞成“说一不二”的绝对态度，主张要留有余地。

洗尽铅华呈本色。吕叔湘的文章有高度的科学性、学术性，且读起来很有生活气息，他写的普及性语言著作深入浅出，娓娓道来，连中学生都觉得饶有兴味。吕叔湘说：“你著书立说为什么？还不是宣传你的理论，让别人信服。这就不但要让人看懂，而且还要让人不费力就能看懂。”他说写文章有两个理想：一是谨严，一个字不能加，一个字不能减，一个字不能换；二是流畅，像吃鸭儿梨，又甜又爽口。吕叔湘的文章摆事实，讲道理，有话则长，无话则短，是谨严和流畅兼具的典范。他曾写过一首诗说：“文章写就供人读，何事苦营八阵图？洗尽铅华呈本色，梳妆莫问入时无。”这首诗正道出吕叔湘坚持朴素、务实的学风的思想根源，说明他能一心为读者着想。他一生实实在在地待人，切切实实地说话，扎扎实实地做学问，因而他的成就是结结实实的。

作品来源

《刊授党校》（学习特刊）2006 年 9 月。

精彩选段

汉语有多少方言？每一个离开过家乡的人，每一个有外乡人的市镇或村庄的居民，都曾经听见过跟自己说的话不一样的外乡话。在像上海这样“五方杂处”的城市，差不多每个人都有机会跟说外乡话的人打交道。比如有一家无锡人搬来上海住，他们家里说的是无锡话，他们家里请的保姆说的是浦东话，他们楼上住着一家常州人，说的是常州话，隔壁人家是广东来的，说的是广州话，弄堂口儿上“烟枝店婶婶”说的是宁波话。

——吕叔湘《语文常谈》

第三章

指点迷津·语文教学

培养读书兴趣是语文教学的“牛鼻子”
——从“吕叔湘之问”说起

温儒敏

师长导读

40多年前吕叔湘批评语文教学“少慢差费”，这种状况至今未有根本的改变，原因之一是未能抓住培养读书兴趣这个“牛鼻子”。要反思现有语文教学只重视精讲加操练的普遍模式，树立“读书为要”的自觉。这就有必要区分不同的课型，最好采用“1+X”的方案，扩大阅读量。要授之以渔，教给学生多种有用的读书方法。提倡“海量阅读”，鼓励“连滚带爬”地读，以培养读书兴趣和习惯。容许学生读“闲书”，尊重他们的“语文生活”。把课外阅读纳入教学计划。读书状况要纳入评价。语文教师要养成读书的良性生活方式，成为“读书种子”。

1978年，著名语言学家吕叔湘在一次会议上曾批评语文教学的“少慢差费”，效果不佳。他说：“十年时间，2700多课时，用来学本国语文，却是大多数不过关，岂非咄咄怪事？中小学语文教学少慢差费的严重程度，我们恐怕还认识不足。”[1] 从“吕叔湘之

[1] 吕叔湘 . 当前语文教学中两个迫切问题 [N]. 人民日报，1978-03-16.

问”提出至今40多年过去，尽管有过一轮又一轮的改革，也提出很多新的教学理念，推广过这样那样的教学法，活动多了，课堂热闹了，多媒体也普及了，可是整体上看，学生的阅读、写作能力未见得就有多大的提高。在许多地方和学校，“吕叔湘之问”仍然悬挂在头上，并没有答案。[1]

在小学低、中学段，大多数孩子还是喜欢读书的，到了小学高年级和初中，他们也还会接触较多的图书。可是从初三开始，学生读书的兴致和数量就一路下滑。到高中，读书变得尤其功利，一些家长和教师甚至不让学生读那些和考试无关的书。整体而言，中小学生的读书状况是不好的，年级越高，情况越糟。很多学生除了教科书和教辅，几乎不怎么读书，不喜欢也不会读书，更不会读完整的书。就如同“吕叔湘之问”所说，我们教了多年的语文，学生也花费大量心血在这门课上，可是到头来只会做题考试，对读书不感兴趣，也不会读书；即使考上了大学，许多学生还是不会读书，也不喜欢读书。这是基本事实。

试想，不读书，或者读书少，怎么可能学好语文？怎么可以又要马儿跑，又要马儿不吃草？但事情往往就是如此悖谬。

“吕叔湘之问”其实并不难回答。少读书不读书就是当下“语文病”的主要症状，同时又是语文教学效果始终低下的病根。

教师们对少读书不读书的“语文病”是不满的，他们往往抱怨应试教育，认为这一切都是现在教育体制的不完善，以及功利化的社会大环境所造成的，因此很无奈。这当然是重要的原因。在高考和中考这个巨大的现实面前，无论学生还是家长和教师，都会有非常实际的考虑，就是如何更有效地应对考试、在激烈的竞争中取得尽可能好的成绩。这就难免有应试教育，有急功近利

---

[1] 温儒敏.温儒敏论语文教育[M].北京：北京大学出版社，2010：107.

的题海战术。这种背景与氛围，显然是不利于读书、不利于提升语文教学效果的。

我们必须承认考试和竞争这种巨大的现实。高考和中考无论怎么改，也是考试。既然是考试，就必然有竞争，也就难免会有应试教育。为国情所决定，在相当长时间内，我们必须与应试教育的大环境“共存”，不可能独善其身。但“共存”不等于完全被裹挟，不等于随波逐流，关键要有清醒的平衡意识。既要让学生考得好，又尽可能不要伤害他们的学习兴趣，不把他们的脑子弄得死板，这就需要在应试和素质教育之间取得一些平衡，而不是非此即彼。有水平的教师就懂得适当的平衡，和应试教育严峻的大环境共存，又始终在谋求自己的空间，尽可能改进语文教学，能改一点，就是一点。

提高语文教学效果有各种各样的办法，但最管用最有效的是读书，是培养读书兴趣，这是关键，是“牛鼻子”。抓住了这个“牛鼻子”，就可能一举两得，既能让学生考得好，又能真正提高学生的语文素养。

这种平衡的前提是不把考试和读书对立起来。即使为了考试，也要注重培养读书的兴趣，少做题，多读书。事实上，对读书有兴趣，喜欢读书，有较宽阅读面的学生，他们的思维比较活跃，语文素养比较高，考试的成绩也不会差。再说，读书不仅是一种能力，也是一种良性的生活方式。在中小学阶段培养读书的兴趣与习惯，是为学生的一生打底子。讲平衡，既照顾考试升学等现实的利益，更要从长计议，着眼于给学生的终身学习做准备，为他们走向社会之后的发展以及生活质量的提升打底子。今天重新提出“培养读书兴趣”，是把近期目标（考试）和长远目标（学生的发展）结合起来，兼顾目前和长远的需要。

语文课最基本的内容目标，是培养读书的兴趣和习惯。有了读书的兴趣和习惯，才能把语言文字运用的学习带起来，把素质教育、人文教育带起来。现在重新提出要抓住培养读书兴趣这个“牛鼻子”，去改进语文教学。这不是什么新观点，但在语文的概念被弄得很混乱的当今，重新回到朴素的立场来考虑问题，从“多读书”的角度去理解语文的本质，是有现实意义的。

一、反思语文教学的普遍模式，树立“读书为要”的自觉

课标有段话很精辟，应当记取：“要重视培养学生广泛的阅读兴趣，扩大阅读面，增加阅读量，提高阅读品位。提倡少做题，多读书，好读书，读好书，读整本的书。”[1]

很多语文教师不否认读书的重要，但一到教学的层面，就有意无意把促进读书兴趣这一点忘记或者放弃了。备课的时候，写下多条教学目标，唯独不考虑如何去引发读书兴趣。可能因为急功近利，总是考虑如何应对考试，提高成绩，结果舍本逐末，未能把“读书”摆到语文学习的高位。

为何要高度重视语文课中的“读书”问题？怎么抑制语文教学中的急功近利偏差？首先要加强对语文学科特点的认识。现在语文教学普遍都是课堂教学和课文讲解带动整个教学，依赖教材，依赖课文精讲，依赖课后作业操练。这种普遍的做法，大家很习惯了，所谓改革，也就增加一点学生的活动。有时我们也对此不满意，但已经轻车熟路，习以为常。

看来得跳出来想一想：现有的语文教学模式是怎么形成的？是天然合理的吗？为何如“吕叔湘之问”所说会少慢差费？是否应当有所调整改进？

[1] 中华人民共和国教育部. 义务教育语文课程标准：2011 年版 [S]. 北京：北京师范大学出版社，2012.

其实，传统的语文教育不是像现在这样的。古人学语文从蒙学开始，就是读书为主，先生是很少讲的。从千字文、增广贤文、大学、中庸、左传，等等，一路读下来，似懂不懂地读下来，慢慢就读得熟了，由不懂到懂，文字过关了，写作也过关了。这是浸润式的学习，整个身心沉浸在阅读之中，文化的感觉有了，语言的感觉也有了。传统语文教学和现代语文教学最主要的区别就在读书。传统的语文教育并没有明确的教学体系，也没有教材、课堂精讲和作业操练，但要大量反复地读书，整本整本地读书；而现在的语文教学主要是一篇一篇地讲，一次一次地组织活动，唯独很少读书，特别是读整本的书。

以现代的眼光看来，传统的以读书为主的方法太过奢侈。现代人要学的东西比古代多，除了语文，还有外语、数理化等，靠古代那种大量读书的浸润式的方法显然不适应了。所以从新式学堂开始，就改为“概论式”的学习，即以课堂的讲习为主，课文的分析作为重点，把各方面的知识加以体系化，以概论的方式传输给学生。在 20 世纪二三十年代的中学国文，古典诗文还是占很大比重，不过不同于传统语文学习的办法，不再是一本一本地读，而是一篇一篇地读。这时期的国文学习虽然和传统不一样了，但还是注重读的。五六十年代以后，学习苏联的教学模式，中小学语文也开始突出知识性传授，学习语法修辞和文学常识，加上文选的精读精讲，就成为现在普遍流行的语文教学基本模式。

当初设计这种语文教学模式，是为了适应时代变化，力求在有限时间内达到一定的教学效果，让学生具备读写能力。可是采取这种方式，读书就少了。记得我上小学时，语文教师还经常给我们读小说读诗歌，激发读书的兴趣。大概当时教师也是意识到光是讲课加练习，难于提升语文水平，所以还补充一点读书。可是现在呢，本来比较怠慢读书的教学，又加上应试教育，就越加紧缩，学生越来越不习惯也不喜欢读书。语文课就在应试教育的约束之下，像吕叔湘说的，越加“少慢差费”了。

回顾语文教学的历史变化，是为了说明，现有的普遍的语文教学模式，也并非只是这些年应试教育的产物，它是有历史来路的，它存在不合理的方面，需要反思，做一些调整。怎么调整？适当吸收传统语文教学中好的经验，增加读书量，扭转近百年来语文教学存在的偏误，让语文教学更加符合规律。

现在完全回到传统的语文教学，是不现实的，但我们应当了解这一百多年来语文教育的得失利弊，在基本实施现代语文教育方式的同时，适当补充传统的经验，多少加点慢功夫，培养读书的兴趣与习惯。

语文课改有太多的经验，太多的流派，太多的措施，但最重要的要先想办法改变不读书少读书的病况。“读书为要”，千方百计把读书兴趣的培养放到头等位置，有这方面的自觉，语文教学才能祛病健体，提高效能，进而回答“吕叔湘之问”，也会自然而释然的。

二、区分不同的课型，采用“1+X”方法

阅读教学效果不佳和学生不喜欢语文课有多方面原因，课型混淆，模式僵化，扼杀读书的兴趣是问题之一。

现在语文教材很多都分为精读和略读两类课型。教材分精读和略读，是有讲究的。精读课主要靠教师教，一般要求讲得比较细，比较精，功能是给例子，给方法，举一反三，激发读书的兴味；而略读课是让学生自己读，把精读课学到的方法运用到阅读实践中，主要是泛读，自主性阅读。两种课型不同，功能也有不同，配合进行，才能更好地完成阅读教学。

但是如今的阅读课往往混淆了精读与略读，几乎全都设计成精读精讲。而且程式相对固定，不管什么课，都要讲写作背景、段落大意、主题思想、艺术手法，等等，抠得很细，加上几乎全都是以分析性的精讲记忆为主的教学方式。这种精读课独揽全盘的做法有很大的弊病，的确太死板，压抑了学生的自主性学习兴趣和读书的兴趣，应当改一改。

要分清精读和略读两种课型，精读课以教师讲为主，略读课就让学生自主阅读。讲课也不要老是那一套程式，应当根据课文内容、文体以及单元要求的教学目标，等等，来设计不同的教案程序，突出每一课的特点和重点。除了区分精读与略读，还要更加细致地区分与不同文体、内容相适应的课型。比如，散文、小说、诗歌与童话的课型也应当各自有所不同，古代诗歌和现代诗歌的课型也有差别。有的教师讲童话《皇帝的新衣》，和分析小说一样，还是人物形象、叙事结构、主题思想的分析等，唯独没有激发学生去想象，把童话教成小说，这也是课型混淆。

略读课的教学目标就是要鼓励学生自主阅读，用实践和体验读书的方法，激发读书的兴趣。如果处理成像精读课那样，就等于消弭了略读课的功能，阅读教学就不完整了。为什么教师会普遍地不分课型，几乎全都讲成精读课呢？是因为担心考试，生怕有遗漏，就所有课全都精读精讲，细嚼慢咽，学生自己阅读延伸的空间就被挤压，读书的兴趣也被扼杀了。这叫适得其反。

现在各种版本的语文教材，安排学生的自主阅读、自由阅读还是太少，只靠教材是远远不能满足阅读教学需要的。为了弥补这一缺陷，除了区分课型，把略读课归还给学生，还有一个建议，就是实施“1+X”的办法。即每讲一课（主要是精读课），就附加若干篇同类或者相关的作品，让学生自己去读。可以在课内安排读那些附加的作品，也可以安排在课后。不只是读散篇的作品，也要有整本的书。教师可以稍加点拨，但千万不要用精读课那一套要求去限制学生，只要求学生能读就好。

区分课型，或者实施“1+X”方案，不是反对讲课的精细。课文的分析有时必须要细，要精，要透。但这种“细”要有意义，意义就是指向学生读书的兴趣，并要学生学会读书的方法，而不能只是为了考试，其他不管。起码这两方面都要兼顾，不走极端。课上得死板，千篇一律，又几乎全都指向考试，这就是语文课的一大弊端，是会扼杀读书兴趣的。

目前教育部组织编写的新的小学初中语文教材，就加大了精读和略读两种课型的区分度，干脆改“精读”为“教读”，“略读”为“自读”。新教材格外注重往课外阅读延伸,这就建构了“教读—自读—课外阅读”组成的“三位一体”的教学结构。在新教材尚未全面铺开之时，教师们不必等待，可以自己朝课型区分这个方向做一些改进。

三、授之以渔，要教读书方法

“吕叔湘之问”所指出的语文教学的费时而低效，牵涉到教什么的问题。现在的语文课不是完全不教读书方法，只是单打一，光教精读，轻慢其他。比如默读、浏览、快读、跳读、猜读、互文阅读，以及如何读一本书，如何进行检索阅读，等等，各有各的技巧方法，可是并没有教给学生，甚至没有这方面的教学意识。结果学生就只会精读，无论碰到什么文章，全都用主题思想、段落大意加艺术手法等一套分析办法去套。一些学生上了大学还不会默读和浏览,碰到文章就只会用精读法,读得很慢,还不得要领。其实生活中用得最多的是默读和浏览，是检索式阅读，是互文阅读，包括非连续文本阅读，可是我们的语文课偏偏就很少教这些。

这是语文课致命的缺失。

课标对于阅读教学是有方法上的要求的。课标提到从小学高年段开始，要让学生养成默读习惯，有一定的速度，阅读一般的现代文每分钟不少于500字。能较熟练地运用略读和浏览的方法，扩大阅读范围。默读与浏览都是常见而又实用的读书方法，是基本的阅读能力，只有具备这些能力，才有阅读的速度，扩大阅读面，增加阅读量，也才谈得上读书的习惯与兴趣。

比如跳读，它是浏览、快读时必须要有的方法之一，可以跳过与阅读目的无关或者自己不感兴趣的内容，也可以跳过某些不那么精彩的章节，这样，读起来就会很快，也很有兴趣。又比如猜读，这也是很常用的方法。小学生认字还不多时，要读一篇文章或者一本书，不能碰到生字生词就查字典，可以根据前后文意思猜着那生字生词读下去，只要大致能读，就不要中断，最好一鼓作气读下去。这样才有读书的兴趣，也才读得快，读得多。想想，我们小时候读《西游记》等小说，不就是这样跳读、猜读的？本来这是无师自通的方法，如果语文课也能教一教，从方法上指导一下，那效果就不一样了。

教给默读、跳读、浏览等方法，要有窍门，要有可操作性。光要求“抓住关键词”，要求“读得快”，学生还是不会，等于没有讲，这就需要有具体的可以模仿学习的技巧。拿浏览来说吧，就要把默读、快读、跳读等多种阅读方式结合起来，尽量在“一瞥”之间掌握一个句子甚至一个段落，眼睛最好看文章的中轴线，不要逗留。但是有些孩子阅读时还是要不断逗留，读不快。怎么办？可以让他这样训练自己：五个手指并拢，顺着书的字行往下移动，速度要比眼睛的感觉稍快，而且越来越快。这就训练出来了。总之，要教给具体的读书方法。

阅读一本书有方法，还可以训练。拿起一本书，要教给学生先要看书名扉页、提要简介、前言，等等，再翻一翻目录，或者挑选一两个与主旨联系密切的章节重点看看，跳着读，读几段，或者几页，最后要比较认真看看书的结尾部分，这往往是对全书提要性的总结，或者还可以看看后记，很快就可以大致了解一本书的主要内容，甚至能判断写得怎么样，决定是否值得再细读精读。这叫“检视阅读”，或者叫“检索阅读”，是迅速读一本书的办法。[1]

还可以教给学生如何把精读与略读结合。比如，一本书可以读三遍，第一遍粗读，大致了解其轮廓主旨，有个基本印象；第二遍细读，对各章节内容有更加深入的理解；还可以有第三遍，就是带着问题包括疑问去读，选择重点章节读。当然，不是所有书都需要读三遍。这里指的是比较重要的基本的书。

现在的语文课对于阅读方法的传授太过单一，几乎都是分析性阅读，非常注重作者意图、背景、主题、段落大意，以及思想意义、教育价值等，顶多加上修辞和艺术手法。这就有点文体混淆、一锅熟了。其实不同的文体，不同的课文，阅读方法应当有所区别。教师要教给学生面对不同的书，采用不同的阅读方法，而不是全都分析性地提炼主题思想之类。比如，小说诗歌散文，就不宜采用议论文的读法，不能以分析性理解为主，而应当着重鼓励想象与体验，要设身处地，要非常重视第一印象。有些方法是很具体的，比如读一首诗，头一遍很重要，要重视直观感受，最好快读，朗读，一口气读完，获取带有鲜活的个人感觉的第一印象。[2]但现在有许多教师教诗歌，一上来就要求理解、分析，在主题、作者感情、

---

[1] 莫提默·J. 艾德勒，查尔斯·范多伦 . 如何读一本书 [M]. 北京：商务印书馆，2013：30.

[2] 温儒敏 . 中国现当代文学专题研究：第二版 [M]. 北京：北京大学出版社，2013：22.

意象和语言等方面做很细的解读，偏偏放弃了读者的经验与感受的引导，那是违反诗歌阅读要义的。

还有各种文体的阅读，方法也是有区别的。读小说和读诗歌不一样，读文学性的散文和读论述性与说明性的文章有区别，读历史、哲学和科学的文章又各有门径，都要教给方法。我发现有的教师设计童话的教案，就还是用小说解读的办法，讨论主题思想和艺术手法，偏偏未能讲一讲童话的特点，未能把教学重点放到激发阅读的想象力这一点上。这就偏离了，学完这一篇，还是不会读童话，或者本来是天然的会读童话的，上了语文课反而不会读了。

要强调读书方法的传授。一堂课下来,有把握得住的“干货”。读书方法就是“干货”。当然，教无定法，根据不同的学情，可以有多种多样的教法，但无论哪种教法，都要让学生有兴趣学，又能把握方法，学会学习，学会读书。

就小学语文特别是低年级的教学而言，虽然识字认字为主，还谈不上读书方法，但也要开始重视阅读习惯兴趣的培养。一切教学行为，都要聚焦在激发孩子学习包括阅读的兴趣上。新编的语文教材一年级一开头，就有专栏“快乐读书吧”，还有“和大人一起读”，都是引导培养读书兴趣的。从中年级到高年级，每一学期都有名著选读和课外阅读指导。在新教材使用之前，教师们可以根据教学需要，适当加强关于读书兴趣培养方面的内容。

四、提倡“海量阅读”，鼓励“连滚带爬”地读

为何我们的阅读教学效果不理想？还得检讨一下某些关于读书的观念。有些观念长期笼罩着我们的头脑，好像是天经地义的，从来不会去怀疑，一代一代教师就那样去认同和要求学生。

最常见的一个观念，就是“不动笔墨不看书”。在一定情况下，是可以也应当这样去要求的，比如精读某一篇课文，或者为了积累去读书。但很多情况下，又不能这样要求，事实上也很难做到。规定学生凡是读书都必须做笔记，凡是阅读都得考虑如何提高写作能力，这就会变成束缚，扼杀兴趣。我们当老师当家长要设身处地，如果自己也老是带着任务去读书，负担就很重，甚至会大煞风景，趣味索然。不能凡是读书就要求孩子做到“不动笔墨不看书”。在一定的条件下，可以这样去要求，读写结合自然会有好处，但不能时时处处都要求学生这样做。特别是当学生自主选择阅读或者自由阅读，还是不一定要求做到“不动笔墨不看书”。

还有就是批评“好读书不求甚解”。其本义是要求学习要认真、精细、踏实，不要似懂非懂，马马虎虎。如果我们是在认真阅读分析一篇精读课文，或者做研究性阅读，这样要求是完全应当的。但对于一般的读书，特别是课外阅读，就不宜强求了。在很多时候，读书了解一个大概即可，不一定本本书都要精读，都要像精读课那样“求甚解”。有的时候，“不求甚解”恰好是可以拓展阅读面、培养读书兴味的。我们当老师或家长的读书是否全都做到“求甚解”呢？这是难事，也没有必要，因此也不能要求孩子做到。总之，有些传统的读书的观念，要适时而用，不宜一概要求，更要防止成为桎梏。我们的目的还是要激发读书兴趣。

我现在特别赞成让中小学生“海量阅读”。这是山东潍坊小学老师韩兴娥的办法。韩老师认为语文教学最大的弊端是一本教材一统课堂，教师讲得可能很有激情，学生当堂互动也表现很好，但并没有真正提升语文素养。为什么，没有落实到读书上面。韩老师认为语言学习应以积累为本，读书为本，数量为先。对低年级学生而言，课本就是识字教材，文章的“深度理解”要等学生在大量阅读中慢慢反刍，不必一步到位。低年级大量朗读儿歌、小故事，中年级海量诵读美文和诗词，高年级大量诵读经典和白话文。在大量阅读的过程中，学生的阅读、写作、口语表达能力也会明显提升。[1] 大道至简，韩老师的办法就是带领学生在课内课外都多读书，真正做到了“读书为要”，“读”占“鳌头”。我看这是培养读书兴趣的好办法，也是提升语文能力的好办法。当然，语文课是否采用和如何采用这些好的经验，还要结合各自的学情。

我还在不同场合提出过要鼓励“连滚带爬”地读。不要每一本书都那么抠字眼，不一定全都要精读，要容许有相当部分的书是“连滚带爬”地读的，否则就很难有阅读面，也很难培养起阅读兴趣来。我说的“连滚带爬”地读，包括浏览、快读、猜读、跳读，学生可以无师自通，但有老师略加指导，甚至纳入教学，就会事半功倍了。这也是激发阅读兴趣的好办法。其实，我们小时候读书，很多情况下都是“连滚带爬”地读的，老师不怎么管，我们自己也读得不错。

五、把课外阅读纳入教学计划

通常讲阅读教学，往往就只是课堂上围绕课文的教学，对课外阅读并不重视，甚至放弃了。这种状况，可称之为“半截子”的阅读教学。

课标提出，语文课程是一门学习语言文字运用的综合性、实践性课程；应着重培养学生的语文实践能力，而培养这种能力的主要途径也应是语文实践。这里所说综合性、实践性和语文实践，并不限于课内教学，也包括课外阅读。

[1] 韩兴娥 . 以海量阅读超越一本教科书 [N]. 中国教育报，2013-05-08.

以课标精神理解阅读教学，应当有新的思路，那就是：让语文教学贴近学生的生活实际，让课堂阅读教学往课外阅读伸展，让课堂内外的阅读教学相互交叉、渗透和整合，联成一体。课标在“课程设计思路”一节专门说到语文学习的“资源和实践机会无处不在，无时不有。因而，应该让学生多读多写，日积月累，在大量的语文实践中体会、把握运用语文的规律”。这里所说的“大量”，主要就是课外阅读，而不是现在常见的反复做题，也不限于课堂教学。

要唤起学生学习语文的兴趣，在阅读上就要给他们一些自由选择的空间，好的办法是把课内的阅读教学与课外阅读结合起来，让学生自己找书来读，这就能培养起阅读的爱好。现在是网络时代，学生大量接触网络，当然也是一种阅读，但容易浮光掠影，思维碎片化，浅化，所以提倡多读书，还要加上“读整本的书”，这还可以磨磨性子，养成好的习惯与学风。

为了落实课外阅读的要求，课标对九年的课外阅读量专门做了规定：背诵优秀诗文240篇（段），课外阅读总量应在400万字以上。背诵的优秀诗文以古代的为主。240篇（段）不算多，九年平均每学期也就十多篇（段）。400万字阅读量也不算多，一本《安徒生童话》就十多万字，一本《红岩》就40多万字。课标是在充分调查研究的基础上提出这样一个阅读量的，这是一个基本的阅读量，只能在这个基础上增加，不应当减少。像韩兴娥老师实施的“海量阅读”，每个学段的阅读量就大大超出课标的建议量，因为学生有兴趣，未见得就增加了负担。

课外阅读要给学生自主选择，但不是放任自流，必须有所指导。这就需要有相应的教学计划，根据各个学段的教学目标，安排适当的课外阅读，注意循序渐进，逐级增加阅读量与阅读难度，体现教学的梯度。

当然，课外阅读很难像课堂教学那样有非常明确的要求，但又必须有一个大致的要求，总之，要不断激发学生阅读的积极性，把读书习惯作为很基本的素养来培育。课标对不同学段的课外阅读是有具体指导意见的，这里择其要点，分开来学习领会一下。

第一学段，小学低年段，课标要求“阅读浅近的童话、寓言、故事”，“诵读儿歌、儿童诗和浅近的古诗”。这不只是课堂教学的要求，也是课外阅读的指导性建议。教师可以结合课内的学习，并参照教材的内容，安排学生在课外多读一些童话、寓言、故事等。不要把课外阅读当作家庭作业来布置，那样负担就重了，但可以给家长一些建议，提供大致适合低年段学生心理特点及认知水平的书目范围，提倡亲子阅读。

现在有些学校和家长一味搞“提前量”，在小学低年段甚至学前班就要孩子们“读经”，是不合适的。在需要童话、寓言的阶段，还是要多读童话、寓言、故事，不能拔苗助长。低年级的学生多读童话、寓言、故事等想象性的作品，有助于形象思维的发展。在学生喜欢“做梦”的时候，就应该为他们提供这样的机会和条件，允许学生“做梦”。如果在适合“做梦”的年龄没有去做，甚至被剥夺了“做梦”的权利，这就违背了孩子的天性。

到第二学段，小学三四年级，课标开始重视叙事性作品的阅读。根据这个学段学生的阅读心理特点，学生喜欢具有生动形象、故事性较强的作品。因此，叙事性的作品应该成为这个学段课外阅读的主要部分。还要看到，课标对这一学段开始要求“初步学会默读，做到不出声，不指读。学习略读，粗知文章大意”。这要求对课外阅读也是适当的。此外，课标要求在阅读中积累优美词语、精彩句段，以及在课外阅读和生活中获得的语言材料。这也是读书习惯的培养，把课内外打通。课标又提出“养成读书看报的习惯，收藏图书资料，乐于与同学交流”。这就把阅读习惯的养成当作一个目标了。当前不少孩子玩网络游戏成瘾，并不利于身心健康，应当把他们往读书方面引导。这一学段课外阅读总量应不少于 40 万字。

第三学段，小学五六年级，要求更高了，提到“扩展阅读面”，课外阅读总量不少于 100 万字。对阅读的水平提升也提出具体的要求：阅读叙事性作品，了解事件梗概，能简单描述自己印象最深的场景、人物、细节；阅读诗歌，大体把握诗意，想象诗歌描述的情境，体会作品的情感；阅读说明性文章，能抓住要点；诵读优秀诗文，注意通过诗文的语调、韵律、节奏等体味作品的内容和情感。这些既是课堂阅读教学的要求，也是课外阅读的引导性意见。

六、容许学生读“闲书”，尊重他们的“语文生活”

所谓“闲书”，是和考试好像关系不大的书，也是学生按照自己兴趣选择的课外书。有些教师和家长总是担心妨碍考试，他们可能会限制读“闲书”。其实，我们每个人都有过读“闲书”的经历，那是自由阅读的享受，也是最有阅读兴趣的时候。为了应对中考和高考，有些制约也难免。但限制过甚，不让读“闲书”，也就等于取消了学生阅读的个人空间，扼杀了读书的兴致。读“闲书”也是一种阅读，可以引发阅读兴趣，扩大阅读面，提高阅读能力，更重要的，这是学生的“语文生活”的重要部分。如果教师对学生的“语文生活”有所了解，能与学生对话，那么语文阅读教学便可能别开生面，并可以事半功倍，大大延伸出去。

事实上，凡是课外阅读量大、知识面广，读过很多“闲书”的学生，思想一般比较活跃，整体素质也高，他们往往也能在考试中名列前茅；而那些只熟悉教材和教辅，课外阅读“闲书”少，没有阅读习惯，即使考试成绩不错，视野都比较窄，思路也不太开阔，往往是高分低能。[1]所以，在应试教育还不可能完全取消的情况下，最好还是要兼顾一些，让学生适当保留一点自由阅读的空间，使他们的爱好与潜力能在相对宽松的个性化阅读中发展。阅读面宽了，思维开阔了，素养高了，反过来也是有利于考试拿到好成绩的。

有一种普遍的现象，就是教师和家长推荐给学生的书，学生往往不喜欢读。而学生圈子里互相推荐介绍的书，他们读起来津津有味。对此也不必大惊小怪。我们当老师的也可以读一读学生中流行的读物，多少知道孩子们喜欢哪些书，他们为什么不喜欢读推荐的经典，而偏偏喜欢这样一些“闲书”。

读书其实是个人化的事情，不同的年龄段、不同的性情，甚至男生和女生，各自的读书兴趣可能都会有所不同。比如男孩的空间感一般比女孩强，可能更喜欢探险、破案、推理的书。女孩一般比较喜欢故事性强、情感优美的读物。老师和学生应当了解不同年龄段孩子们喜欢读些什么，他们正在彼此交换阅读些什么，不应当很简单地推荐和布置学生去读经典作品，更不能简单地制止孩子们读那些他们喜欢的闲书。当然，我们应当主动提倡并引导学生去读经典。但要想到，闲书读得多了，对阅读能力肯定也有很大帮助，他们读书的习惯养成了，阅读和欣赏水平也会提高。

也有些教师会问，学生不喜欢读经典，怎么办？经典和青少年是会有些隔膜的，而且不一定喜欢。甚至可以说，学生不喜欢经典，是天然的。只能慢慢引导，不能强制。要用孩子们能够接受的方式去接近经典。其实孩子们成长过程，不同年龄段会有不同的兴趣，他们也会自我调整，自我塑造。我们老师的责任就是

[1] 温儒敏．温儒敏论语文教育：二集[M]．北京：北京大学出版社，2012：29.

引导，而不是强制。

要尊重学生的语文生活。我这里特别提出“语文生活”这个概念，希望能拓展眼界。现在小学生中高年级开始，就逐渐形成了他们的语文“圈子”与表达形式，包括他们的课外“闲书”的阅读交流、上网、博客、QQ，等等，其实这些都是他们语文能力成长的重要方面，又关系到语文兴趣的培养和阅读习惯的形成。我们也许不能完全进入学生的语文生活，但应当给予尊重和必要的关照,尽可能在语文课和学生的“语文生活”之间疏通一条通道，那肯定会加倍引发学生学习语文的兴趣，培养起读书的习惯。应当看到现在的应试教育是扼杀兴趣的，学生除了课本和教辅，再没有兴趣读书。这是可悲的。我们这个讲课说的是培养读书兴趣，怎么培养？办法之一就是多进入学生的“语文生活”。阅读教学，甚至整个语文教学，都要高度注意培养学生广泛的阅读兴趣，扩大阅读面，增加阅读量，提高阅读品位。

为什么教师进入不了孩子们的“语文生活”，不知道学生的阅读兴趣呢？这跟教师不读或者很少读儿童作品有关。教师要读书，包括读儿童的书，才能和学生一起讨论，有共同的话题，也才有可能更好地引导学生读书。

七、读书状况要纳入评价

“读书为要”，提倡多读书，不能停留于一般提倡，光有阅读量的要求也不行，还要有相应的评价。课标中提出的阅读教学评价的建议，不只是课堂教学的，也适合课外阅读。如“应加强形成性评价，注意收集、积累能够反映学生语文学习发展的资料，可采用成长记录袋等各种方式，记录学生的成长过程。对学生语文学习的日常表现，应以表扬、鼓励等积极的评价为主，采用激励性的评语，从正面加以引导”。这里所说“学生语文学习的日常表现”，就包括课外阅读。课标还特别提到“要关注其阅读兴趣与价值取向、阅读方法与习惯，也要关注其阅读面和阅读量，以及选择阅读材料的能力”。这几点，涉及课外阅读的几个基本方面，是教学中应当关注，同时也可以再细化为阅读评价的几个维度。那么，到底应当如何来落实这些评价？课标建议“应根据课程标准各学段的要求，通过小组和班级交流、学习成果展示等活动，考察其阅读量、阅读面以及阅读的兴趣和习惯。”这只是一般的建议，具体到教学中，还需根据各自情况，拟定更具体可行的办法。

课标就在教学评价上提出这样一种思路：语文教学的效果好不好，不只是看课内，或考试，很大程度上要看课外，看是否培养了阅读的兴趣与习惯。如认可这一思路，各个学校就都可以根据各自情况，在教学评价上设计一些具体的可操作的细则。值得注意的是，现今有些地区中考或者高考，也越来越重视考查学生的阅读面与知识面，有些题出得较活，光是读教材教辅，是难以完成的。这对课外阅读教学的推动就会起到积极的作用。

高考命题这几年有很大变化，这会波及中考命题，最后必然也会影响到一线的语文教学。有几个变化是有利于鼓励多读书，特别是读课外书的。比如高考命题所依赖的材料范围已经大大拓展。除了文学，还有哲学、历史、科技、社会、经济、时政等。如果考生平时读书少，知识面窄，是很难考到好的成绩的。另外，是更加注重逻辑思辨能力的考查。比如去年全国卷的阅读题，就采用了“非连续文本”的样式，给一组材料，观点并不连贯，甚至彼此相左，让考生去辨识、归纳和发挥。这有点类似于考公务员的“申论”，看重的是思辨能力。如果读书少，缺乏逻辑思维训练，缺少理性分析能力，也就很难应对这种命题的变化。第三，是有意识考查读书的情况，包括课外阅读、经典阅读、阅读面与阅读品味。高考命题在改革，这将涉及教学，语文教学如果原地踏步，不重视读书，显然就赶不上趟了。

当然，语文教学要抓住培养读书兴趣这个“牛鼻子”，真正实现“读书为要”，还得有条件，那就是——语文教师要以身作则。

很多教师也读书，但读的主要是与职业需要相关的实用的书，可称之为“职业性阅读”。明后天要上课了，今天赶紧找有关材料来读。或者要评职称了，匆忙读一些“救急”的书。此外，就很少自由地读书、个性化地读书了。很多教师一年到头除了读几本备课用的书，其他书很少读，顶多读一些畅销杂志，大部分时间都是网上的“碎片化阅读”。这怎能提高教学水平？又如何能面对“吕叔湘之问”？语文教师自己先要养成读书的良性生活方式，成为“读书种子”。这样，你的学生自然也会喜欢读书。

〖作品来源〗

《课程·教材·教法》2016 年 6 月。

切中时弊　指点迷津
——论吕叔湘语文教育思想

曹国军　高玉平

师长导读

吕叔湘先生是著名的语言学家、语文教育家。他的语文教育思想博大精深，最根本的有两点：一是对语文性质的认识，即语文是交际的工具；二是对获得语文能力的认识，即语文的使用是一种技能，一种习惯，只有通过正确的模仿和反复的实践才能养成。

吕叔湘先生是著名的语言学家、语文教育家。他一生关心语文教学，发表了一系列有关语文教学方面的论著。他高瞻远瞩，站在时代和改革的高度指导语文教学，对我国的语文教育作出了重大贡献。吕先生的语文教育思想博大精深，但细细考察，最根本的有两点：一是对语文性质的认识，即语文是交际的工具，语是口语，文是书面语，语文就是口语和书面语的结合，不要偏废某一方面；二是对获得语文能力的认识，语文的使用是一种技能，一种习惯，只有通过正确的模仿和反复的实践才能养成。本文试图抓住吕先生的这两个理论精髓，结合具体教学实际，从一个侧面来管窥吕叔湘先生博大精深的语文教育思想。

一

“语言文字本来只是一种工具，日常生活中少不了它，学习以及交流各种知识也少不了它。这样一个简单的事实，为什么很多教语文和学语文的人会认识不清呢？是因为有传统的看法作梗。”[1]这就是吕老对语文的认识，即还原语文的本来面目，它不过是一种交际的工具。这一认识看似简单，其实不然，它道出了语文的性质，从根本上解决了“语文是什么”的问题。语文“工具说”几十年来深深地影响了语文教坛，现已牢牢扎根于广大语文教育者的心中，成为指导语文教学的一个法宝。

吕先生进一步明确了语文的内涵:“这里所说的语言是‘口语’的意思。这里所说的‘文字’是‘书面语’的意思。这样看来‘语文教学’就是口语和书面语的教学。”[2]这种认识应当成为语文教师对语文教学的根本认识。长期以来，很多人对语文的内涵认识不清，导致了在教学中各自为政的局面。对于语文，有认为是语言和文字的，有认为是语言和文学的，还有认为是语言和文化的，这些说法都各有一定道理，但恐怕都未抓住根本。我们如果从民族语文的高度来看待这个问题，恐怕就会觉得还是吕老抓住了问题的关键。每个民族学习本民族的语文，目的无非是为了掌握这一工具，用于日常的交际和生活，而这一工具的具体体现又是口头语和书面语的运用。事实上，在书面语中又包含了丰富的内容，它以文字为载体，其中包含了文章、文学，还有文化等多方面内容。可见只抓住某一方面来理解“语文”必然发生偏颇，进而在教学中出现混乱，吕老关于语文就是口语和书面语的认识从根本上澄

---

[1] 吕叔湘.《叶圣陶语文教育论文集》序［A］.吕叔湘论语文教学［C］.济南：山东教育出版社，1987.

[2] 张青康.吕叔湘先生和语文教学［J］.中学语文教学，1985,（8）.

清了这种混乱。新编高中语文实验课本的体例就明显体现了吕老的这一思想。课本分阅读、听说、写作三大板块，在阅读中又将课文分成一般文章、文学作品、文化著作。这样就体现了口语和书面语齐头并进的语文教学观。

吕老清醒地指出了由于在实际教学中没有搞清语文内涵而出现的种种问题。他说："中学课本里头的课文，老师常常把它当作文学作品来分析。时代背景、作者生平，然后中心思想，然后段落大意、写作特点，层层分析，这是分析文学作品呀，作为一种语言文字的东西来讲，是不要这样分析的。"[1] 这段话切中了几十年来中学语文教师讲课的一成不变的模式，甚至直到现在，许多教师还在津津乐道于这样的教法。吕老不仅指出了这种教法的弊病，而且揭示了它的病因。他说这是古代传下的病根，教古文老师的任务是当翻译，而白话文不需要翻译了，就有两条出路，一条是把语文课当政治课，一条是把语文课当文学课。这种分析多么深刻。他还举例说明有些作品不分析还能感动人，一分析倒不行了。"这叫七宝楼台，拆下来不成片断。"[2]

二

语文课不能当成政治课，也不能当成文学课，在那里阐释微言大义、大作分析，那么到底如何教语文，如何学语文呢？吕老从理论上回答了这个问题，这就是关于语文能力如何获得的问题。他说："语文的使用是一种技能，一种习惯，只有通过正确的模仿

[1] 吕叔湘．中小学语言教学问题［A］．吕叔湘论语文教学［C］．济南：山东教育出版社，1987.

[2] 同上。

和反复的实践才能养成。”[1]并进而指出，语文这种技能和游泳、打乒乓球等技能没有什么本质上的不同。他认为，任何技能都必须具备两个特点，一是正确，二是熟练。要正确必须善于模仿，要熟练必须反复实践，语文课的主要任务是培养学生使用语文的技能，教师的任务是指点学生模仿什么，怎么模仿，检查学生的实践是否正确，是否熟练。技能的获得要通过学生的活动，老师是无法包办代替的。

吕老的“语文是一种技能”的理论是紧承“语文是交际的工具”来的。“技能”和“工具”在内涵上是相通的，相辅相成的。“工具性”指出了语文的用途，“技能说”点明了如何实现这一用途，即只有掌握语文这一技能才能实现它的工具性——日常交际的需要。

既然语文是一种技能，技能的获得需要模仿并反复实践，那么如何进行语文教学呢？吕老首先提出了语言训练的问题，指出了语言学习的一般过程是模仿→变化→创造。小孩学习语言就是如此，学习口头语言如此，学习书面语言亦应如此。这就是要求语文教学要把课文当作语言的有机整体来看待，而不是人为地去肢解、分析、归纳、概括。要针对课文语言熟读精思，教师从中巧妙点拨、启发、诱导，让学生自己去体会语言的形式和内容，而不是由教师讲学生听式的灌输。吕老说：“上课的时候，应该以学生活动为主，教师的活动应压缩到最低限度。”这句话指明了课堂上师生的互动关系，后来一些教改者提出的“以教师为主导，以学生为主体”的教学理念大概是吸收了吕老的这一教育思想的。这一思想的正确性在哪里？就在于语文是一种技能，这种技能只有通过学生自身的模仿和反复实践才能获得，教师所能做到的仅是引导、点拨、启发，但却不能代替学生学习这一直接过程。这

[1] 吕叔湘．关于语文教学的两点基本认识［A］．吕叔湘论语文教学［C］．济南：山东教育出版社，1987.

一点应该成为所有教师的共识，但事实却并非如此。许多教师认为只要把这课书讲给学生听了就算完成了自己的任务，课堂上没有学生的参与，就他一人在那里津津有味地分析鉴赏，学生听懂了多少接受了多少他不管不问，这种“目中无人”的教学正是几十年来语文教学“少、慢、差、费”的根本原因。

三

语文是一种技能，技能的获得需要训练。就像学乒乓球、学游泳一样，学语文同样离不开训练。需要训练的东西很多，但总体说来不外乎听、说、读、写四种最基本的技能。听说读写表面看起来是并提并论的，在实际教学中却往往是重读写轻听说，甚至砍掉听说训练。这是一种四肢不健全的训练，最终影响学生语文能力的全面发展和提高。

吕老明确地指出了这一问题，他说：“学校语文教学由于重视书面语（这是完全应该的），几乎完全忽视口语的教学（这是不应该的）。有的学生只说几分钟就杂乱无章。语文课上可以用一部分时间练习说话，叙述一件事情，或说明一个道理，加以指导。”[1]这里是明确指出了当前语文教学中的一大偏颇：重文字轻语言（注：这里的文字指书面语，语言指口语）。“撇开语言教文字，这是一种半身不遂的语文教学。”[2]这句话更进一步，更尖锐地指出了重文字轻语言的语文教学是不成功的，其结果必然是两败俱伤。试看今日学校里的学生，在小学时还能说会道，讲一件

[1] 吕叔湘．谈谈语言的学习和教学［A］．吕叔湘论语文教学［C］．济南：山东教育出版社，1987.

[2] 吕叔湘．关于语文教学的两点基本认识［A］．吕叔湘论语文教学［C］．济南：山东教育出版社，1987.

事情有条有理，到了初中就不大愿意讲话，到了高中就更不用说了，回答问题结结巴巴，词不达意，动辄脸红。出现这种倒退现象不能不说是语文教育的悲哀，本来应该是越教越好，可事实远非如此。原因何在？就在于我们的语文教学不重视听说训练，甚至完全抹杀听说教学。传统的语文课本也基本上无听说训练项目，即便有也是蜻蜓点水式的一带而过，因为教材编者恐怕也没太在意。好在新编高中语文实验课本已专门编了个听说训练分册，这正是贯彻了吕老的口语和书面语并重的思想。

听说是一个人听话和说话能力的简称，是一个人语文能力、语文水平的外在显现。只要经过系统训练，听说能力就会逐渐提高。教师讲一段话然后让学生复述，课前三分钟演讲，举办讨论、辩论会等均是训练听说能力的有效方法。训练的关键在于持之以恒，如果中学六年坚持训练，相信每一个高中毕业生的听说能力都会有一个大的提高。同时，听说能力提高之后也会反过来促进读和写，因为他们之间是相辅相成、互相促进的。通过这样严格持久的训练，可以说中学毕业生基本上就掌握了听说技能了，他们的口语交际基本上也不成问题。

四

阅读是又一项重要技能。阅读是由多种心理因素参与的心智活动，是人类社会不可缺少的活动，它具有获取信息、积累知识、开发智力、培养能力、陶冶性情、塑造品格的价值。因此，阅读技能必然是中学语文教学需要训练的重点。就目前的语文教学来看，好像挺重视阅读教学，因为作为课文教学的绝大部分时间就是在进行阅读训练，可学生的阅读能力是怎样一个情况呢？高考可作为一个有力的依据。据统计每年高考现代文阅读得分率最低，不到一半。[1]可见阅读的教学并不成功，学生阅读技能还差得相当远，尽管我们花了大量时间用在阅读上。

问题出在什么地方呢？吕老说："现在大家谈写作谈得最多，阅读为写作服务也谈得多，但阅读本身却谈得不多。"[2]原来阅读教学是在打擦边球，只注重阅读为写作服务这一点上了，仿佛一讲到阅读，就要大谈它怎样服务于写作，是从写作的角度去认识、看待阅读教学的，其结果是将阅读作为写作的附庸，这样的阅读教学必然不能达到预期效果，也就更谈不上掌握技能了。

正确的观念应该是："阅读可以为写作服务，但也不是全为写作服务。"[3]阅读还有它自己更重要的任务，即培养学生阅读能力。以高中现代文为例，包括以下阅读能力：按要求在文中辨别筛选重要材料和信息的能力；对所选材料和信息进行分析、综合，从而把握文章思想内容和作者在文中表达的观点的能力，自己组织语言，简练、准确表达的能力。这些能力在"阅读为写作服务"的指导思想下是不可能全面训练到的。目前的阅读训练是和课文教学融为一体的，基本是一种教师讲学生听的陈旧教学方法，教师所讲内容又往往偏重段落大意、写作特点、中心思想这些东西，再不就是大讲特讲某句用了什么修辞方法等等。这种教学方法只能造就出一批又一批阅读技能低下的不合格学生。

对阅读训练有一个总体要求。吕老说："阅读也要训练，要抓一个'快'字和一个'准'字。"[4]"快"说的是速度。现代社会是一个高效率的社会，作为一种技能，必然有一个速度问题，慢了

---

[1] 骆道书.1997年湖北省高考语文质量分析报告［J］.语文教学与研究，1997,（10）.

[2] 吕叔湘.关于语文教学的两点基本认识［A］.吕叔湘论语文教学［C］.济南：山东教育出版社，1987.

[3] 同上。

[4] 同上。

不行，不能适应高速运转的现代社会的需要。“准”说的是效果，即对阅读信息的把握要准确无误，只有做到“准”阅读结果才是有用的，否则再快也无用。“快”和“准”应该成为指导语文阅读教学的两个基本方针。只有做到了又快又准，才算掌握了阅读技能。

五

作文水平高低是体现学生语文能力好与差的重要方面，语文教师都明白这个道理，因此语文教学花在作文上的功夫可谓比其他方面都多，但往往收效甚微。仔细反思，恐怕原因在于训练的路子不对。作文的训练已落入一成不变的俗套之中，吕老将这一过程归纳为三点：教师命题、学生作文、教师批改。学校、家长要求教师精批细改，学生却“多数只是看看总批和分数，批改的地方越多越懒得看”[1]，结果是教师感到作文难教，学生一作文就头痛，如何能提高写作能力？

办法也不是没有，那就是改变目前的一套陈旧方法。吕老详细地谈了这个问题，他说可以采用多种灵活方法来进行作文训练。如教师命题后可稍做引导，谈些“题中应有之义”给学生一点启发，或学生先集体讨论再作文。可以适当安排集体写作。批改形式也可不拘一格：可以选印一篇有代表性的发给全班，集体评改，可以学生互批互改、教师指导。可以教师批改几篇有代表性作文然后边评讲边让学生自改。吕老还指出最好教师能给学生当面批改。批改方法的灵活多样，目的无非在于引起学生的注意和重视，让学生知道一次作文写完并非就此完事，在自我参与批改中认识

[1] 吕叔湘．关于语文教学问题［A］．吕叔湘论语文教学［C］．济南：山东教育出版社，1987.

到别人作文的优点和自己的不足，有利于以后的改进和提高。有经验的老师往往会说批改作文大有学问，作文评改甚至比作文本身意义还大。

作文训练方法也要改变，除了命题作文之外，也可尝试其他方法，吕老强调了要给学生创造作文的条件，让学生写起来有话可说，“我们叫他作文，无非是看看他会不会把脑子里有的东西很好地组织起来，很清楚地表达出来”。[1] 所以吕老反对那种脱离学生生活实际的命题作文，那样只会让学生“变戏法”似地瞎编乱造。老师可以给学生念一段故事，让学生听后写下来；将一两千字的文章压缩，或将二三百字的文章扩充丰富；或者某次作文只写提纲和写作思路，进行审题训练等等。这样的作文训练针对性较强，基本做到每次一点收获，日积月累，学生的作文水平就会逐渐提高。

吕老说：“教师培养学生，主要是教会他动脑筋，这是根本，这是教给学生的最宝贵的礼物。就是给他一把钥匙，他拿了这个钥匙能够自己开箱子，开门，到处去找东西。你不给他这个钥匙，那有多少宝贝他也没有法子拿到手。”[2] 这段话是对“语文是一种技能”的最好诠释。学生学语文的目的在于掌握这把钥匙、这个工具，只有如此才能拿到更多的宝贝；教师教语文的目的在于引导、帮助学生拿到这把钥匙，掌握这个工具，这中间的传递过程就是语文教学。不要小瞧了这个传递的过程，它是一门深奥的学问。更是一门精湛的艺术。这段话也概括了吕叔湘先生语文教育思想的核心，是其博大精深的语文教育思想的精髓，它化合“语

---

[1] 吕叔湘 . 关于语文教学问题［A］. 吕叔湘论语文教学［C］. 济南：山东教育出版社，1987.

[2] 吕叔湘 . 关于语文教学的种种问题［A］. 吕叔湘论语文教学［C］. 济南：山东教育出版社，1987.

文是工具”和“语文是技能”而为一体，深刻地反映出了语文的本质、教师怎么教语文、学生学语文到底学什么这三个根本性问题。我们学习和研究吕叔湘语文教育思想必须抓住这一理论精髓，只有这样才能更准确地、在更高层次上来理解和把握吕先生博大精深的语文教育思想。

作品来源

《郧阳师范高等专科学校学报》2004 年 10 月。

吕叔湘语感思想浅析

胡小跃

师长导读

吕叔湘先生曾经在讲话和论文中强调过语感问题，他的理论探讨主要在二十世纪八十年代初期，当时语文教学研究相对停滞，训练的风气正在形成，语文教育界对语感问题认识不清，对如何在教学中培养学生的语感没有进行探讨。鉴于吕叔湘先生在七八十年代我国语文教育界的特殊地位，他的相关论述对语感命题重新回到人们的视野有十分重要的作用。

《中学语文教学》1984 年 10 期上刊登了吕叔湘一篇题为《中学教师的语法修养》的文章，其中说道："人们常说'语感'。什么叫'语感'？对于语言的各个方面或者某一方面值得注意的现象能够很快引起注意，这就是对语言敏感，就是有很好的语感。语感包括两方面，一是语义感，就是对一个词的意义和色彩的敏感。二是语法感，就是对一种语法现象是正常还是特殊、几种语法格式的相同相异等等的敏感。"

教师要让学生学好语法，培养语感，关键是自己要具备高素质的语感和完备的语法知识。在教学过程中，影响语法和语感教学效果的最主要的因素是语感。阅读《吕叔湘文集》，我们还发现《文字改革》1963年4月上的《谈语言的学习和教学》一文有一段论述：

有人问：写文章不是有“字斟句酌”之说吗？对，有这回事。可是仔细省察一下就会发现：一、不是每字必“斟”，每句必“酌”；二、所谓“斟酌”也很少是有意识地进行字义、句法的分析，多半是直觉地感觉这个字不合适，换那个字才合适，直觉地感觉这个说法不合适，换另一个说法才合适。这里所说的“直觉地”不是出于什么本能，而是已经养成的语言习惯在那里起作用。

综合上引吕老有关论述，结合其他相关论述，我们可以发现他对于语感有如下一些基本观点：

第一，吕叔湘将语感的范围拓展到语言的三个方面。与夏丏尊和叶圣陶重点探讨语义情味感不同，吕叔湘基于语言学的研究视野，把语感从语义拓展到了三个方面：语义感、语法感和语音感。这是一种对语感研究的姿态，虽然还仅限于描述的水平，但毕竟是对语感本体类别的划分，具有积极的意义。

第二，语感是教学的重点，规约着教学行为的方向。上面所引的《谈语言的学习和教学》一文，主要是论述语法教学的。在他看来，语法教学要以语感为基础，相对于系统的语法知识，他更看重的是教师的语感素养，作为一名好教师，首先自己要有对语言敏锐的感知能力，才能从语感和语法上培养学生对语言文字的敏锐性，提高学生的语言感知能力。在培养语感时，教师要注意到语感的培养不是让学生掌握大量的名词术语，积累学生的词汇量，而是通过提高学生对语言文字的感知能力来提升他们的语感。作为一个语言学家，他更多关注的是语言规范，但同时，他也注意到汉语的特性，认识到汉语的“人治”特色，并且从实践中敏锐地感觉到单纯的语法教学不能达到提高学生语文能力的目的，所以他吸取我国传统语文教育的经验，强调领悟在语文教育中的作用。这就把西方的语法体系和中国传统的语文教育经验融合起来了，这种融合，揭示了语文教育的一种新的路向。

第三，间接地指出了语感的直觉性和迅速性等基本特征。他所说的直觉性的习惯，其实就是语感。在论述上面所引的文字之前，他举例说："儿童学说话从模仿开始，先是模仿得不很好——语音不很准，用字眼、造句子，有时候对，有时候不对，然后经过多次，语音越来越准，用字、造句越来越有把握，最后达到'习惯成自然'的地步。"这个例子说明语感是一种直接的反应，具有迅速性。同时也照应了他自己一贯的训练语言习惯的说法。这里的"语音""用字眼"和"造句子"和他论述过的语音感、语义感和语法感有明显的照应关系，使我们可以推论他这里所说的直觉性习惯就是他论述过的语感。

第四，提出培养语感的途径。他重视语感在语文能力中的特殊地位，探讨培养语感的方法。在他看来，学习语文的过程和学习其他知识、技能的过程相同，都是从不了解、不熟悉到了解、熟悉、掌握所学知识，并能达到融会贯通的程度。他说："语文教师要培养学生的语法感，首先要培养自己的语法感，也就是说，能在语法方面发现问题。"并且用"评酒评茶的专家对酒和茶的敏感是练出来的"为例子来类比，说明语法感是可以通过练习培养的。他总结说："语文的使用是一种技能，一种习惯，只有通过正确的模仿和反复的实践才能养成。"

同时，我们也发现吕叔湘语感思想的一些局限和缺憾：

第一，以语言学的视野对语感进行分类，相对显得逼仄。语感当然包括语言之感，但语感的丰富、复杂、微妙、远非语音感、语义感、语法感所可描述的。语音感、语义感、语法感是语言学家从现实语感中切分出来的，是科学分析的结果，在一定程度上被概括化、抽象化了，和语感的具体、生动、丰富、深刻有着颇大的距离。

第二，对语音感强调不够。从他表达的方式来看，他更看重的是语义感和语法感，对这两方面进行了直接的界定，而对于语音感，认为是不言而喻的事情，所以他用了“当然也包括”这样的说法，没有直接界定，而是做了一个概括性的描述。

第三，重视语言技能形成的一般规律，对心灵、情感等变化性强、不宜概括的内容关注较少。这与他的学术背景有很大的关系，也和当时相关学科比如心理、脑科学等的发展水平有关。

第四，更为关注语言的规范性而非创造性。这大概和他撰文的原初目的有关，他的相关文章是针对语言教育，特别是语法教育而作，目的所限，不宜作过多发挥。

总体来说，语言学家吕叔湘的语感思想较多地体现为对规范的语言技能的关注，其他语文教育家如夏丏尊和叶圣陶所关注的学生的思想情感和生活实际，他却没有着力研究，一带而过。一些后续研究者，选择性地引用他的相关论述，将语感当成纯粹的技术性问题，将吕叔湘的论述胡乱引用，作为自己机械训练的借口，这是很让人痛心的。教师在教学中，要以吕叔湘的语感思想为指导，提高学生对语言文字的感知能力，提高他们的语言敏锐度，使学生在语感和语法上有更大的进步。

作品来源

《学周刊》2012年第33期。

浅谈吕叔湘的作文教学观

郑礼立

师长导读

作文教学是语文教学中最重要的环节之一，许多语文学家都对此进行了深入的研究，吕叔湘先生也不例外。本文主要从作文题目、作文教学方法、作文要求、作文评改等四个方面对吕老的作文观点进行了整合与介绍。

一、引 言

谈起吕叔湘，许多人只知道他是著名的语言学家。殊不知，他在“基础教育中的语文教育和外语教育的贡献，几乎不下于他对语言科学，尤其是语法科学的贡献”[1]。

身为语文教育界“三老”之一的吕叔湘先生对我国的语文教育有着举足轻重的作用。他的论著涉及了语文教学的各个方面，尤其是在作文教学方面，更是有其自成体系的一套看法。

下面，我们就从作文题目、作文教学方法、作文要求和作文评改等四个方面来对吕老的作文教学观进行介绍。

---

[1] 张志公．吕叔湘先生和中小学语言教育 [J]. 语文教学通讯，1993（12）.

二、作文题目

中小学作文中许多都是命题作文，因此，出题目让学生写作，对学生写作水平的提高是很重要的。吕叔湘先生认为，作文题目应当出自学生的生活，让学生有话可说。

学生在家里有家庭生活、亲戚朋友、父母兄妹，在学校里有老师、同学，在社会上又有他容易理解的东西，在这些范围内给他们出题，他们就会有话可说。正如叶圣陶先生在二十世纪三十年代所说的："阅读跟写作必须切近现代青年的现实生活。"真是英雄所见略同。

为了让学生有话可说，还有一种办法，就是给他们创造条件。比如说，带他们到一个地方参观，或者看一场表演，事先就告诉他们，这是要写作文、要上交的，这样，许多平时不注意观察事物的学生，这次为了写好作文，就会认真注意了，回家之后也就有东西可写。身临其境，才能写出好文章。也许，这也正是当代语文学家李吉林老师情境教学法灵感的源头之一吧。

另外，要想把作文题目出好，还必须注意它的合适度，出的题目必须符合学生的当下情况。有的题目出得太死，譬如让海南的同学写《北国的雪》，他们根本就没有见过，怎么可能写得出来？有的题目出得太深，叫初中学生写《论世界经济》，这就有点为难他们了。而有的题目则出得太浅，如果叫高中生再写《难忘的一件小事》，估计他们已不再感兴趣了……

吕老先生认为，我们让学生写作文，"无非是看看他会不会把脑子里有的东西很好地组织起来，很清楚地表达出来，让他做一点练习，不是让他变戏法"[1]。因此，没必要刁难他们。

---

[1] 吕叔湘．中小学生语文教学问题 [J]. 江苏师范学院学报，1978（2）.

三、作文教学方法

过去的作文教学模式一般是：教师命题—学生作文—教师批改。三点一线，几乎没有任何变化，收效甚微。对此，吕老认为，必须打破旧框框，另外想办法。[1]

那么，另外想哪些办法呢？我们可以尝试在这中间插入一些别的活动。

（一）作文辅导

有些老师布置完作文题目就万事大吉了，学生还在一头雾水中，老师就已“事不关己”了。其实，针对一些较难理解的题目，可以在写作前给学生做一些适当的提示，美其名曰写前启发，或叫作文辅导。诸如，这个题目可以从哪几个方面着手、可以写成什么样的文体等。

再者，学生作文有一种大众化的毛病，就是内容空洞。针对这种情况，教师也可以采用这种办法，在命题之后谈些“题中应有之义”，给学生一点点拨。

在写作前对学生进行一些必要的指导可以拓展他们的思路，提高他们的思维能力。但要注意，任何事情都要把握一个“度”的原则。有些老师刚好相反，口述大意，面面俱到。殊不知，过犹不及，提示也得有个原则——不能包办代替。[2]

（二）练写大纲

学生还有一种毛病，就是内容杂乱。由于经常边写边想，所以容易出现思维跳跃、逻辑性差的问题，让人看了眼花缭乱。这

---

[1] 吕叔湘 . 关于语文教学问题 [N]. 人民日报，1964-2-17.

[2] 吕叔湘 . 作文教学臆说 [J]. 人民教育，1984（7）.

个时候，我们可以让学生多做一些光写大纲的练习，以增强其作文的逻辑性与严密性。

（三）各种作文练习

除了命题作文之外，我们还可以在平时让学生多做一些其他形式的作文练习。如改写，将故事改写成剧本、诗歌改写成小说等；还有缩写，把一两千字的长段落压缩成300字等；也可以听写，老师讲一件事或一个故事，讲的时候不许学生写，让他们在脑子里记住，之后再把它有条理地写出来。

关于吕老提议的作文教学方法还有许多，这里所举的只是冰山一角。

四、作文要求

对于作文的要求，吕叔湘先生认为，由于年龄与经历的差距，应对中小学生有不同的侧重点。

对小学生应重点关注字词和造句，主要看其有没有错别字、语句是否通顺连贯等，对内容则不做过高要求。

而到了中学阶段，要求就更上一层楼。具体包括以下几点：

（一）言之有物

首先，作文要内容充实，有话可说。内容空洞，再华美的辞藻也不能让人感觉其中的韵味。[1]

其次，作文还得注意本色问题，就是要写自己的所见所闻所

[1] 吕叔湘．言之有物、顺理成章 [J]. 沈阳教学通讯，1984（3）.

想，[1] 不要弄虚作假、胡编乱造，也不要套用别人的文章、搜索现成的材料，少说废话，少搬公式。

（二）顺理成章

作文除了内容实在外，还应安排得当，有条理、有层次，不颠倒错乱，不乱用关联词，不犯逻辑毛病。一篇文章从什么地方说起，怎样一步步地说完，要有一个非常合理的、非常有说服力的层次。逻辑清晰、层次分明，对作文来说也是非常重要的。

（三）词句问题

对于中学生而言，字词的要求只能排第三。句子通顺、漂亮，用字得当，保持明净，是吕老对中学生作文中字词方面的具体要求。

“明”是明白，“净”是干净。写文章应是怎么说就怎么写，力求表达自己最真实的想法。而不是盲目追求华丽，滥用成语与一些奇怪的句式。这样只会使人头晕目眩，最后反而“偷鸡不成蚀把米”。

另外，也不能为了增加字数而重复啰唆。作文如同用兵，不在多而在精，应牢记鲁迅先生的教导：“竭力将可有可无的字、句、段删去，毫不可惜。”应如《学记》一般，虽只有千字，但却一字不可删。

五、作文评改

作文的评改问题，一直很让老师头疼。传统的办法是对每一份都精批细改，但时间一久就发现这样不切实际。一则老师的时

[1] 吕叔湘 .《初中学生作文评改》序 [A]// 吕叔湘全集（第十一卷）[C]. 沈阳：辽宁教育出版社，1991：279.

间和精力有限；二则每一份作文，如果改得不多，学生还看看，真改多了，学生也不一定看。

改作文也得讲效益。老师改了，学生不看，效益还是等于零。对此，吕老认为，我们要现实主义，要有选择地改，要有针对性地改。

我们可以采取典型批改与课堂讲评相结合的方式。每次只挑几篇有代表性的，可以是写得好的、中等的，也可以是写得比较差的，然后精批细改，其余篇目大致看看，把主要问题写上几句就可以了。最后专门用一两节课时间，把精批细改的文章在课堂里评讲。可以先念一段，然后说怎么改，也可以让学生谈谈自己的看法，集思广益，说说整篇文章的毛病在哪里、这一段问题在什么地方、这一句有什么不好、这个字为什么用错了等等。这样细细评改，不仅文章的作者受益，其他同学也会受益不少。如果有条件，可以把原文印出来，每人一份，效果会更好。

这里需注意一个问题，老师如果每次都只改固定几位学生的作文，其他学生可能就会有意见。因此，为了公平起见，兼顾大多数学生，可以采取轮流的方法。这样，每个学期，基本上每个学生都能被改到。

关于作文评改的方式，除了之前提到的典型批改、课堂讲评之外，也可以组织学生互相评改，或者小组共同评议等。这些都是好办法，可以单独使用，也可以交叉进行。改作文时，哪种方法效果好就用哪种，不必拘泥于具体形式。

六、结　语

实践证明，吕老先生从一个思想开放的语言学家特有的以语言为本体的视角，对我国语文教育所作的种种思考，在新一轮课程改革的文化语境下，对我们仍然具有重要意义，值得我们后人作深入的研究。

1998 年 4 月 9 日，蜚声海内外的语文教育家和语言学家吕叔湘先生走完了他 94 年的光辉旅程，让我们怀着虔诚的态度来缅怀吕老，也让我们沿着先辈们留下的足迹在语文教学的道路上继续前行。

作品来源

《科教文汇（上旬刊）》2012 年 1 月。

吕叔湘“语文质量”浅说

王尚文

师长导读

吕叔湘先生在1963年写的《关于语文教学的两点基本认识》一文中就已提出“语文质量”这一概念。吕先生所说的“语文质量”即我们现在常说的“语文品质”。“语文质量”说的就是语言作品能否“正确地使用语文”，而语文的使用就是遣词造句，再就是谋篇布局，当然也包括汉字的书写。“语文质量”和“语文品质”衡量的具体对象都是语言作品的语言表达，而非语言所表达的内容。

近日重读《吕叔湘语文论集》(商务印书馆1983年版)，惊喜地发现吕先生早在1963年写的《关于语文教学的两点基本认识》一文中就已提出“语文质量”这一概念。他虽未就这一概念本身展开系统、深入的论述，甚至没有给出一个明确的界说，看起来好像只是在行文时不经意地带出而已，但其意义却千万不容小觑。我阅读时不禁感叹：倘若我们语文教育工作者当年就能够充分重视吕先生提出的“语文质量”及相关理念，五十多年来我们的语文教学可以少走多少弯路啊！联系我自己近年关于“语文品质”的思考，不禁想起《庄子·秋水》里的话：“吾非至于子之门则殆矣，吾长见笑于大方之家。”

一

我所说的“语文品质”其实就是吕先生所说的“语文质量”，却比他晚了五十几年。首先，“品质”和“质量”本来就是同义词，起码两者的含意、运用都有交集。梅家驹等人编著的《同义词词林》（上海辞书出版社 1983 年版）就将“品质”“质量”归为同义词；袁晖主编的《新华同义词词典》（商务印书馆 2003 年版）阐释了“品质”的词义后，特别注明“‘品质’还指事物的质量”；张志毅、张庆云编著的《新华同义词词典（中型本）》（商务印书馆 2005 年版）同样说明“‘品质’有时指物品的质量。”朱景松主编的《现代汉语同义词词典》（语文出版社 2009 年版）也认为“‘品质’还可以表示产品的质量”。可见，从词义的角度看，“语文质量”与“语文品质”可以说就是同义词。

其次，也更为重要的是，吕先生所说的“语文质量”和我所说的“语文品质”所指也基本相同。“语文品质”是指一篇言语作品在遣词造句、谋篇布局等方面表现出的语言表达水平的高下优劣，而非它的内容品质如何；仔细研读吕先生的相关文字，可以肯定，他所说的“语文质量”基本上也就是指一篇文章“用字眼、造句子”（《吕叔湘语文论集》，第 331 页）的好坏状态。《关于语文教学的两点基本认识》一文有两处提到“语文质量”，一处是：

我要代语文教师呼吁一下，请求各科的同事和他合作，都来关心学生的语文，对学生的语文负责。消极方面，给学生树立好榜样。如果语文老师说某一个字不能这样写，学生说数学老师就是这样写，语文老师怎么办？积极方面，各科教师都应该要求学生在回答提问和书面作业的时候正确地使用语文。不能因为不是语文课就可以在语文上马马虎虎；正如语文课虽然不讲各科知识，可是不能让学生在作文里任意颠倒史、地、理、化方面的事实。分科教学是为了工作的便利，学生所受的教育是整个的，是不能割裂的。不但各科教师，学校行政也应该关心学生的语文，对学生的语文负责，每出一个布告，每发一个通知，每做一个报告，都应该检查一下语文质量，包括错别字在内。总之，要在整个学校里树立起正确使用祖国语文的风气，学生生活在这样的环境里，正如蓬生麻中，不扶自直。

另一处是：

平心而论，近年来出版物的语文质量是大有提高的。但是出版物是如此之多，光是大大小小的报纸，一天就得印出几百万字，哪能尽如人意？

从以上所引文字，我们分明可以见出如下两点：一是“语文质量”说的就是语言作品能否“正确地使用语文”，而语文的使用说的就是遣词造句，再就是谋篇布局，当然也包括汉字的书写。由此做出“语文质量”和“语文品质”所指基本相同这一判断是符合事实的，是完全能够成立的。二是“语文质量”和“语文品质”衡量的具体对象都是语言作品的语言表达，而非语言所表达的内容。吕先生所说的“每出一个布告，每发一个通知，每做一个报告，都应该检查一下语文质量，包括错别字在内”，一望而知，他所谓“语文质量”显然是指“包括错别字在内”的语言表达情况如何，而不是指布告、通知、报告写了什么内容。上引第二段引文所说的“大有提高的”毫无疑义也是指“近年来出版物的语文质量”，即“包括错别字在内”的语言文字使用方面的质量。

如果我一开始想到“语文品质”这个概念并拟做较为深入系统的探讨时，就能发现吕先生的“语文质量”这个概念的话，我一定不会再用“语文品质”的概念。两者同义，何必另起炉灶呢？不过现在，我却希望能够继续沿用“语文品质”。主要理由是：据《汉语大词典》的解释，比起“质量”，“品质”一词似乎与人的行为和作风所显示的思想、认识、品性有较为密切的联系

（参见《汉语大词典》，汉语大词典出版社 1997 年版，第 1578、6031 页），而我始终认为遣词造句、谋篇布局固然是一种技能、技巧，但往往不可能和言语主体的思想、情感、个性等完全脱钩，恰恰相反，两者的联系常常是相当紧密的。试比较：

在我的后园，可以看见墙外有两株树，一株是枣树，还有一株也是枣树。（鲁迅：《秋夜》）

这句话的意思其实就是"在我的后园，可以看见墙外有两株枣树"。言语主体之所以这样写而不那样写、之所以这样说而不那样说，起主导作用的明显就是思想感情，绝对不单纯是技能、习惯的问题。正是在这一点上，我觉得吕先生的相关表述有欠周到之处。他说：

现在来谈谈学习语文的过程。使用语文是一种技能，跟游泳、打乒乓球等技能没有什么不同的性质，不过语文活动的生理机制比游泳、打乒乓球等活动更加复杂罢了。任何技能都须具备两个特点，一是正确，二是熟练。不正确就不能获得所要求的效果，不成其为技能。不熟练，也就是说，有时候正确，有时候不正确，或者虽然正确，可是反应太慢，落后于时机，那也不成其为技能。从某种意义上说，语言以及一切技能都是一种习惯，凡是习惯都是通过多次反复的实践养成的。

这些话都没错，但说"使用语文是一种技能"，"从某种意义上说，语言以及一切技能都是一种习惯，凡是习惯都是通过多次反复的实践养成的"，却没有提到言语主体的思想情感在"使用语文"过程中的作用，不能不说是留下了遗憾。特别是《关于语文教学的两点基本认识》是把"从事语文教学必须认清人们学会一种语文的过程"作为"两点基本认识"中的一点来说的：

我要谈的有两点。第一，我认为每一个做教学工作的人必须首先认清他教的是什么……其次，我认为从事语文教学必须认清人们学会一种语文的过程。

语文是人文课程，“学会一种语文的过程”绝无可能与学习者的精神世界是绝缘的。“语文质量”“语文品质”，以何者为宜，浅见谨请方家和同行们指教。

二

倘若我的一得之见果真有点道理，那也并不说明我在这个问题上就比大家、权威高明。在我有关“语文品质”的系列文章里，没有怎么提到错别字的问题，而吕先生就一再指出语文质量“包括错别字在内”，在这本集子里还有专文《错字小议》对比加以论述。该文精辟地分析了错字的来源、发现的难易、后果的轻重等，最后还提出了有效的应对办法。

我在《吕叔湘语文论集》一书中搜寻到的与语文质量相关的部分，无不论述精辟，见解独到，至今仍然具有很高的价值。限于篇幅，我这篇短文无法全面引述，只能约略地谈谈自己的一点学习心得。

首先是他对语文质量的重视。值得我们特别注意的是，他认为“语文”不单是语文教师的事，各科教师和学校行政领导既不应该也无可能置身事外，大家应对学生的语文共同负起责任来，因为“正确使用祖国的语文”，在学校里又有谁能够例外呢？他一再强调“用字眼、造句子”不是无关紧要的所谓“小节”。例如有的新闻报道常有时间、地点、数目前后账合不拢的问题，他举了《人民日报》上面的一个例子：“1924 年沙特攻占汉志，把侯赛因逐出阿拉伯半岛……侯赛因被逐出阿拉伯半岛后，英国于 1921 年扶植他三子费萨尔为伊拉克国王。”吕先生说：“这里的 1924 和 1921 合不拢。如果这两个年份都不错，‘侯赛因被逐出阿拉伯半岛后'的'后'字就有问题。"

这类问题在报纸、杂志、书籍中尚且不是小事，对于专门学习正确使用祖国语文的语文课来说应该就是天大的事情了！

我觉得，一篇文章的语文质量高下优劣，以及能否对其高下优劣做出准确的判断，取决于文章作者和评论者的态度是否认真，语感是否敏锐。从上文之例我们就可真切地感受到吕先生极其认真的态度和极其敏锐的语感。许多作者、编辑、老师（包括教授、博导）就缺乏吕先生这种较真的精神和敏锐的感觉，常常弄得笑话百出。最近我看到这么一个大笑话：

某211名校有这么一位教授，在其专门评价人物的大作中有这么一段类似相声小品的文字：李自成的爱将刘宗敏抢夺了安禄山的爱妾，导致了太平天国的失败。（吴泽顺：《野猫禅》，吉林文史出版社2011年版，第26页）

说实在的，我笑不出来！

语言文字的使用，对于个人来说有时关乎人品，在某一时段许多人所表现出的共同特点，还可能形成一时之文风。吕先生指出："文风问题牵涉许多方面，从思想方法到选词、造句、使用标点符号，都有关系。"对我们当下特别有警示意义的是他对中学生"多用套语"的恳切批评。在《文风问题之一》一文中，他说曾看到几篇竞赛得奖的中学生作文，把其中有代表性的几个段落抄录下来，并做了语重心长的点评。他尖锐地指出："多用套语不是写文章的正经路子；相反，很容易把写作的人引到邪路上去。"限于篇幅，我只录如下一段：

青春啊，该怎样度过？"人最宝贵的是生命，生命属于我们只有一次"，而在这仅仅一次的生命中，迸发着火花的青春时代更是短暂，更为宝贵。该怎样度过，该怎样度过呢？我不愿干"少壮不努力，老大徒伤悲"的蠢事，做"金玉其外，败絮其中"的庸人；我讨厌整天无所事事，只顾自己小家庭的可怜虫。我要学习雷锋……我要学董存瑞……我要学 ×××、×××。他们在“为祖国而学”的巨大动力推动下，付出了艰苦的劳动和心血，凭着他们坚韧不拔的革命毅力、顽强刻苦的学习精神，攻克了科学道路上的一道道关卡，创造出“惊人的结果”。他们是中国青年的骄傲，是我们的榜样，他们的青春是绚丽多彩的。

让我吃惊的是，我曾把这段文字请好几位现在的中学生和大学中文系学生看，他们竟然不约而同地一致认为文章不错，有一位中学生还说“这样好的文章，我是写不出来的。”足见已经病得不轻！吕先生特别提醒语文老师、报刊编辑不要有意无意地把多用“现成话语”作为写作语言表达的导向。比起吕先生当年所见，这种文风现在似乎有过之而无不及。笔在邪路上走，实际上是人在邪路上走，竟不自知为邪，或以为这就是康庄大道，值得引起我们高度警惕！

与文风相关的，特别明显的还有吕先生指出的下面两个问题。

其一是乱用成语。吕先生说：“成语之类的东西，当然有用，是要用得恰到好处。什么叫恰到好处？有两层意思。第一，要在非用不可的时候才用……第二，不能接二连三地用。”

其二是要“花腔”。我觉得问题比多用成语又要严重得多。先看他发现的《人民日报》上的例子：

晨曦，采一把带露的鲜花，摘几枝含苞的杨柳，这是时间留下的见证……我看见，你们用炽热的鲜血浇出青松绿杉的圈圈年轮；高楼矗起，你们向宇宙探讨着人生……时间啊！有时像雷电一闪而过……有时把希望、回忆压缩在流水之中。

吕先生指出：“这就是那种扭扭捏捏的‘花腔’。这种文章乍一看似乎很漂亮，可是禁不起推敲。拿上面抄来的例子来看，试问：含苞的杨柳是个什么样儿？又怎么是时间留下来的见证？怎么用鲜血浇出年轮，怎么向宇宙探讨人生？时间又怎么压缩希望和回忆，怎么把它压缩在流水之中？三问两问就变成一堆无意义的废话。作者能用大白话说说究竟都是些什么意思吗？”

以上内容，只是管窥筐举而已。有的人或许会嫌太琐碎，其实这绝不是琐碎，而是具体。据我个人的体验，说语文品质，谈抽象的原则、标准容易，难就难在具体，不做空头文章；至于要说出之所以如此判断的道理来，那就还得有精深的理论修养。总之，论者的水平往往体现在具体上。

读吕先生的文章，能够真切地感受到高山大海般的大家风范，由于学问的深广扎实，所说往往发人所未发，举例则是信手拈来，无不自然生动确切。吕先生的语言表达具有极高的语文品质，总是让人如沐春风，享受到一种审美愉悦。

作品来源

《名作欣赏》2016 年第 22 期。

论吕叔湘的中学语文语法教学观

王　立

师长导读

吕叔湘是我国著名的语言学家，不仅在语言学方面有很深的造诣，还十分关注我国的语文教育，特别是在语法教学方面为我们留下宝贵的财富，形成丰富的语法教学思想，给予当今的语文教育以深刻启示。吕叔湘先生一生热切关注中小学语文教育，在语法教学的必要性、原则、目的、内容、方法，以及语文教师在语法教学中的作用等方面，形成了较为严整的思想体系。

在我国的语文教学实践中，初中大多不讲授语法知识，学生到了高中对汉语语法几乎一无所知。缺少必要的语法知识所带来的影响，最明显的是学习文言文时产生不便。在文言文教学中，要求学生了解一定的句式和词的活用，这里便用到语法知识。了解文言文的语言特点，必须知道现代汉语的语法，对词性、句子成分等有所了解。在阅读教学和写作中，有时也要用到语法知识。可以说，没有一定的语法知识，学生便不能深刻地理解语文，不能自如地运用我们国家的语言文字。同时，在语文新课程的实施当中，一些教师误解新课标精神，漠视必要的语法教学。[1]语文教学的现状更是令人担忧，包括语法知识教学在内的语文知识教学受到空前冷落，这种现象被一些学者称为语文教育的“去知识化”。在此背景下，研究吕叔湘的语法教学思想，能够唤起人们对中学语文语法教学的重视，对当前语文教学改革具有重要的现实指导意义。

一、语法教学的必要性与重要性

吕叔湘认为，语法教学对中学语文教学是有益的，只是有的在语法教学的过程中出现了问题，因此，不能否定语法教学的作用。“有的教师认为语文知识对学习写作没有作用，主张取消。这只能说明过去我们讲语文知识的时候，照顾系统性多了点，照顾实用性不够，决不能说明语文知识对培养学生的读写能力无用。”[2]那么，包括语法知识在内的语文知识有什么用途呢？吕叔湘论述道：“学生句子写得不通，老师把它改了，学生就要问老师为什么要改，这样，学生才能举一反三，不再重犯。语文知识除了帮助提高写作能力之外，还有它另外的目的。例如语文知识中的词汇、语法、修辞，都能训练学生的思维能力。譬如比较同义词、近义词的不同点，可以提高学生的辨别能力、分析能力；语法中的句法，特别是复杂的句子，如何去分析清楚，也可以培养思维能力……语文知识还有一个作用，那就是让学生理解祖国的语言，通过理解产生一种对祖国语言的热爱。”[3]在这个意义上，我们要

[1] 孟德腾．新课改背景下中学语文语法教学的思考［J］．教育理论与实践，2008（8）．

[2] 吕叔湘．吕叔湘全集（第十一卷）［C］．沈阳：辽宁教育出版社，2002：119.

[3] 吕叔湘．吕叔湘全集（第十一卷）［C］．沈阳：辽宁教育出版社，2002：55-56.

重新认识中学进行语法教学的必要性与重要性。这个问题不解决，语法教学的处境就得不到改善，语法教学的问题就得不到解决，语文教学的综合效应就不能发挥出来。

二、语法教学的目的

吕叔湘认为，“语法教学的最终目的不是讲语法，讲词有多少类，句子有哪些成分，而是用它来说明语法现象，或者叫用例”[1]。跟中学生讲语法，最重要的是培养学生的语感。中学语法教学的目的并不是为了灌输一套死的语法知识，而是为了更好地理解课文，更好地增强良好的语感和文学素养，帮助更好地表达，帮助他们防止出现或减少说话、写作上各种各样的毛病。通过语法知识教学，可以让学生知道，一篇文章好，好在哪儿？一篇文章不好，不好在哪儿？让学生了解与懂得在什么场合、什么情景，在什么人物身上，当表达什么意思时，需要用什么样的词，什么样的句式，什么样的句调、语气。吕叔湘的认识是非常深刻的，在他看来，学生学习语法知识不是为了死背一些知识，死抠一些概念，而是为了对学生的阅读、写作起到点拨、启发的作用。当然，也为了有助于老师讲解课文和进行作文或联系评讲。[2]总之，对于语法教学来说，不是要教给学生语法知识，而是要让学生学习语法知识进而形成语感。明确这一目的，就可以有选择地对学生进行语法知识教学了。

---

[1] 吕叔湘．吕叔湘全集（第十一卷）［C］．沈阳：辽宁教育出版社，2002：159.

[2] 陆剑明．现代汉语语法研究教程［M］．北京：北京大学出版社，2005：314.

三、语法教学的内容

吕叔湘认为，“语文知识在语文教学里面到底应该占多大的比重？这个要考虑。”[1]“初中不系统地讲语法。尽早选择重要的语法名目作极简单的介绍，以后以结合作文评改示范为主。作文评改示范最有用。高三上学期设选修课《现代汉语语法》，按新体系讲。可与英语比较。一星期两节课，约课时。少死讲，多引发讨论。”[2] 在这里，吕叔湘只是在宏观上对语法教学的内容作了思考。关于语法教学的内容，不同的学者有不同的观点。有人认为，从素质培养、提高语文修养和语文水平的角度来说，中学生最迫切需要学习、掌握的语言知识，主要包括字词、词语选择、句式选择、虚词和分析句子结构等方面的知识技能。当然，在教学过程中，到底有哪些语法知识属于语法教学的内容，这仍然是我们要面临的问题。但是，吕叔湘的宏观指导也是十分重要的。

四、语法教学的原则

语法教学要进行，则有个确立教学原则的问题。吕叔湘认为，语文教学总的原则是变被动为主动，学生要主动学，教师要主动教。因此，认为语法教学的目的首先是培养学生自学。他认为，语文教学既是一门科学，也是一种艺术，语法教学要突出科学性和艺术性，教学中要讲求一个“活”字。除此以外，吕叔湘还提出“在各种各样的教学法之上有一个指导原则——因势利导。讲因势利导首先要‘审势’。要记住学生原有的基础。对基础好的

[1] 吕叔湘 . 吕叔湘全集（第十一卷）[C]. 沈阳：辽宁教育出版社，2002 : 112.

[2] 同上，165 页。

学生是一种教法，对基础差的学生是另一种教学。要了解学生当前的精神状态。热心学习是一种情况，精神散漫是另一种情况，教法要适应不同的情况。审势的‘势’也包括课文。课文是难还是易，是有趣还是枯燥，要不同对待。讲‘利导’就有个导向何方的问题。不同年级，不同阶段，教学目的有所不同，至少是重点有所不同。教学法就要为这个目的服务。心中有一个方向，就不会把语文课教成政治课、故事课、文学史课或文学理论课。”[1]这里所谓的“因势利导”与前文所提的“活”在内涵上是一致的，在于强调语文教学是一种复杂的活动，要根据教学实际采取相应的教学法。在上述语文教学原则的基础上，吕叔湘提出在中学语文课里讲语法应该以实用为主，一切取决于当前的实际，强调在中学教语法要注意实用性。这一点和语文课程标准关于语法方面提法完全一致。为了不使语法教学变成单纯传授语法知识，强调语法教学的实用性是非常必要的。

五、语法教学的方法

吕叔湘充分肯定在中学进行语法教学的必要性，认为语法教学不成功与语法教学所遵循的原则和采取的方法不无关系。那么，在中学进行语法教学应该采取什么方法呢？吕叔湘认为要随时指点，不要局限在课本里指定要讲的章节;多说明事实，少发挥理论;可以联系修辞和逻辑的地方不妨联系。”[2]他指出:“要让语法教学在语文课上有点用处,只提‘淡化’也不解决问题。所谓‘淡化’，无非是少学点的意思。问题不是在于多学少学，在于活学死学。

[1] 吕叔湘．吕叔湘全集（第十一卷）［C］．沈阳：辽宁教育出版社，2002：150–151.

[2] 同上，156 页。

只讲词的分类和句子结构，自然意义不大。如果能与阅读和写作结合起来，多注意相似句式的分析比较，让学生懂得不同的语言环境应该选用不同的句式，才能恰如其分地表情达意，这就很有用了。可以在课文里选择适当的句子（要事先做好准备，切忌临时瞎抓），讲讲这里宜于用这种句式，不宜于用那种句式，这里宜于用这个虚词（副词、介词、连词），以及它们的位置。不宜于用那个虚词或者另外一种位置。不必限于本课，前面念过的课文也可以拿来比较。”[1]在有用的前提下，语法教学还要注重训练。结合课文实例，突出有用性，注重训练，这样的指导就比较具体了，便于学生学习和实际操作。此外，吕叔湘还提出教师不要死讲，要尽量少讲，多引发讨论。“也不要教师唱独角戏，多让同学发表意见。有点争论也不妨，意见会统一的。有时候两种意见都可取，要由更上的上文、更下的下文来决定。总之是要让学生参加讨论，让课堂里的空气活起来。”[2]这样，我们可以明确地看出吕叔湘强调在语法教学中学生要主动参加讨论。在这里，吕叔湘已经不再是作宏观的指导，而是给我们作了具体的指导。在语法教学中，不要光是教师讲，学生的讨论和训练是必要的。这样做，可以活跃课堂气氛，充分尊重学生的主体性。

六、语文教师在语法教学中的作用与任务

吕叔湘认为，在具体的语法教学中，语文教师要提高自己的语法修养。“语文教师要培养学生的语法感，首先要培养自己的

[1] 吕叔湘 . 吕叔湘全集（第十一卷）[C] . 沈阳：辽宁教育出版社，2002 : 155.

[2] 同上，156 页。

语法感，也就是说，能在语法方面发现问题。”[1]语法知识，乃至整个语文知识在语文教学中能否处理得恰到好处，真正使语法知识起到它应有的作用，先决条件是教师本人的语法知识要“到位”，亦即要求语文教师所掌握的语法知识尽可能丰富、广博，对具体的语法知识尽可能掌握得牢靠，在教学中能善于利用语法知识。[2]对于语文教师在语法教学中的作用和任务，吕叔湘指出“一个人学习语文从模仿开始，而且一直在模仿，不仅模仿书上念的，也模仿周围一切人说的和写的。教师是学生模仿的对象。如果教师说的话、写的文字跟他对学生讲的道理不尽相符，那么，学生会丢掉以前听到的道理而模仿当前的榜样，至少是会感到无所适从。这就是古人说的言教不如身教。如果教师告诉学生应该说普通话，但是自己用方言讲课，学生就知道‘说普通话’云云只是说说罢了。推而至于写字、用字、造句，无一不是如此。”[3]这实际上是指出了教师的引导示范作用，明确了教师的语文实践对学生的示范作用。在这样的前提下，吕叔湘认为在语文（语法）教学当中，教师要起主导作用，强调教师的主动作用要与学生的主动性结合起来。“教师培养学生，主要是教会他动脑筋，这是根本，这是教师给学生的最宝贵的礼物。就是给他一把钥匙，他拿了这个钥匙能够自己开箱子、开门，到处去找东西。你不给他这个钥匙，那有多少宝贝他也没有法子拿到手。有的教师讲课能讲得眉飞色舞，能让学生听得津津有味，这当然是好事。但是过后还得仔细想一想，到底这一堂课给学生一些什么东西。如果学生确实有收获，

---

[1] 吕叔湘 . 吕叔湘全集（第十一卷）［C］. 沈阳：辽宁教育出版社，2002：154.

[2] 陆剑明 . 现代汉语语法研究教程［M］. 北京：北京大学出版社，2005：315.

[3] 吕叔湘 . 吕叔湘全集（第十一卷）［C］. 沈阳：辽宁教育出版社，2002：25.

那是好上加好。如果学生没有得到多少实惠，那就只是看了一场表演。”[1]

七、对语文知识与语文技能之间关系的探讨

在语文知识与语文能力相互关系的问题上，吕叔湘认为“语文课的主要目的是培养学生的语文能力，而不是传授语文知识，这个认识是一致的，至少多数同志是这样认识的。”[2]在他看来，在中学语文教学实践中，“语文运用和语文知识比较，语文运用是主要的，语文知识是次要的。对语文知识感兴趣的，可以另外给他们开课。总之，要分清主次，不能平均用力，更不能颠倒过来。”[3]只有这种认识还不够，还要探讨语文知识与语文技能之间的关系，两者之间的关系远比我们想象的复杂。“现在的中学课本里头有阅读的课文，另外有一些知识性的短文，讲词汇啊，语法啊，修辞啊，逻辑啊什么都有，插在里头。这个语文知识在语文教学里面到底应该占多大的比重？这个要考虑。有的老师很重视这个语文知识，讲得比书上的详细。这个不能说他不好，不过这种事情要考虑效果。据实际观察，语文知识学得好的同学，他的作文也不一定就好。有的同学作文倒不错，但是他语文知识并不记得那么多。语文知识跟语文能力有一定的相关，但不是一定可以加上等号。说是知识越多，写出来越好，并不一定。所以怎么处理这个知识跟技能的问题，是要研究的。”[4]从这些论述中，

[1] 吕叔湘．吕叔湘全集（第十一卷）[C]．沈阳：辽宁教育出版社，2002：69.

[2] 同上，118 页。

[3] 同上，95 页。

[4] 同上，154 页。

我们看到吕叔湘在语文知识和语文技能关系的问题上表现出的探索精神，这些问题仍然是今天语文教育研究正面临的问题。

综上所述，可以发现吕叔湘的语法教学思想已经形成一个较为完整的体系。在他的整体语文教育思想的观照下，对语法教学的必要性与重要性，语法教学的教学目的、教学原则、教学内容、教学方法，以及语文教师在语法教学中的作用，都有详细的论述。总之，吕叔湘的语法教学思想在今天仍有强大的生命力，对语文教育仍具有十分切实的指导意义。无论我们在语文知识教学方面取得怎样的进展，吕叔湘的语法教学思想都是宝贵的财富和继续进行语法教学研究工作的起点。

作品来源

《教育评论》2010 年第 1 期。

“敢教”和“善教”：语文“科学训练”策略论
——兼论吕叔湘语文科学训练思想

方有林

师长导读

语文教师“怕教”和“拙教”的现实困惑与语文教学缺乏“科学训练”关系紧密。“训”和“练”边界不清、目标不明和随意散漫，制约着语文教学的主体归位、任务落实和科学有序。吕叔湘“‘教’学生‘学’‘语文’”的“科学训练”观，既继承和丰富了“多读多写”的语文教学传统，又进一步廓清了语文能力形成过程中教师和学生的正确关系。如果说“敢教”的学术胆识来自教“真语文”的“认识”和“功底”，那么，“善教”策略的良好运用要依赖和兼顾“因”教学任务之“势”与“利”能力提升和习惯养成而“导”。

曾经热议的语文教学“训练”，较好地解决了要不要训练的问题。但是如何科学训练所论不多,深入不够。实践者仍然被“机械训练”“应试训练”或“疲劳训练”所困扰。重温吕叔湘“因势利导”语文科学训练思想，可以帮助我们从现象分析中，逐步廓清“机械训练”“应试训练”“疲劳训练”的实质——教师“怕教”“拙教”。语文教学要步入科学训练的佳境，必须帮助语文教师树立“敢教”的学术胆识，与此同时，要帮助语文教师形成“善教”的本领。

语文教学要“科学训练”，必须树立“因势利导”的指导思想，摆脱“硬训”“硬练”的不科学做法。首先，要认清“训”（“教”）与“练”（“学”）在语文能力形成中的功能定位。其次，要保证“‘教’学生‘学’”中不同侧面不同主体的地位落实。第三，“因势利导”要特别重视开动学生学习语文的“发动机”，“教”学生“由被动变主动”，减少“被训练”的摩擦力和阻力，促进学生在“训”和“练”有机统一的轨道上持续运行，逐步提速至“教会学生动脑筋”。

一、当下语文教学“训”和“练”误读举要

要真正落实语文教学的“科学训练”，帮助教师树立“敢教”的学术胆识，首先要从当下语文教学中“训”和“练”问题的不同误读中走出来。

（一）“训”和“练”边界不清，“教”和“学”主体不明

语文教学活动中常常容易模糊“训”和“练”的边界，造成“教”和“学”的主体不清。突出地表现为“训”（教）和“练”（学）的主体“错位”，或“越位”，或“缺位”，其结果是两败俱伤：“越位”是“种了别人的地，荒了自家的田”；“缺位”是“靠天吃饭，饥饱难料”。典型例子是，在课外阅读中，教师“缺位”施“训”（教）——教师采放任之法，不少学生徘徊于“快餐阅读”“浅阅读”层次，即使有阅读量作保证，但难收阅读能力提升之效。个别学生可能滑向“黄色阅读”误区。反之，教师“越位”施“训”（教）——当下的课堂阅读教学，教师用力“最勤”，但学生阅读能力的长进、

思维水平的提高却并不尽如人意。

因此，厘清“训”和“练”的实质，可以帮助我们走出主体不明的泥淖。“训”的基本释义是“教导”“训诫”“训诲”和“开导”；“练”的主要义项是“反复学习，以求熟练”。“训练”，包括“训”（教）和“练”（学）两个方面。“训”和“练”是既对立又统一的关系：“亦‘训’亦‘练’”和“边‘练’边‘训’”。在“科学训练”过程中，教师是施“训”（教）主体，其活动贯穿在知识传授、教导练习过程中的示范、纠正、督促和反馈等环节之中；学生是“练”（学）的主体，其活动贯穿于获取知识、形成能力过程中反复学习的各个方面和环节。“训”和“练”边界清晰、责任到位，“科学训练”才有保证。

（二）“训”和“练”目标不明，“教”和“学”任务不落实

语文“训”（教）和“练”（学）目标不明，主要指教师在“训”（教）的过程中目标游移。具体表现为：一是，语文教育界争论不休的“性骚扰”（语文性质），让教师无所适从，语文课与非语文课（政治课、历史课等）界限不明，“教”和“学”目标游离；二是，合编型语文教科书所规定的“训”和“练”的目标未细化，辽阔国土范围内差异较大的一线教师，要将目标落实到位，确实有点勉为其难；三是，受制于考什么教什么的“应试”压力，教师明知目标跑偏，也难以摆脱“被绑架”的厄运。

“科学训练”要落实“训”的主体（教师）到位而不缺位，首先要避免或减少“目标游离”现象。每一节课的教学目标设定比较单一，“训”和“练”任务明确而具体，针对性较强，取得良好效果就有了前提保障。反之，每一堂课的教学目标设定过多，“训”和“练”指向分散，容易顾此失彼，良好效果的实现容易落空。

要落实教学任务，实现“科学训练”，教师首先要树立正确

的语文教学任务观：就性质而论，语文的本质属性是工具性，其他都是非本质属性；就任务而言，语文教学的主目的是培养良好的听说读写能力，启发思想、锻炼心力等是副目的。对语文教学的性质或任务正本清源，有利于语文教师坚定和深化语文教学目标和任务的正确认识，避免为语文教学设定过多的目标，赋予过重的任务。

（三）“训”和“练”随意散漫，“教”和“学”不成科学系统

语文能力形成和熟练，有赖于必要的重复、甚至反复训练，这是不争的事实。所谓“必要的重复”，绝不是训练次数的简单叠加，而是在语文能力体系螺旋上升中的必要循环、更高层面上的巩固和加深。“科学训练”中的每一次重复都是必需的，或是为求熟练的必要操练，或是增添了新内容的重新练习。与“机械训练”或“疲劳训练”是完全不同的两码事。

语文知识和能力存在着“序”——一个由低到高、由浅入深的科学体系。字词句篇、语修逻文都有一定的系统性、科学性。小学侧重识字教学，初中侧重记叙文、说明文教学，高中侧重论说文教学就体现了由浅入深的科学之“序”。记叙文教学中先教简单的记叙文，后讲复杂的记叙文也体现了由简到繁之“序”。当下不少语文教材采取以“主题”组单元的体例，各种文体集中在一个单元，语文训练之“序”变得更为模糊，不同年级、不同学段的教学侧重不甚清晰。在一定的程度上，不仅不利于语文的“科学训练”，甚至走向了“科学训练”的反面。

因此，教师要特别注重研究语文“科学训练”之“序”，并加以科学实施。比如，高中论说文写作教学中的论点、论据和论证，审题、立意、谋篇和语言等不同方面，高一、高二、高三教学目标中应该有一个科学之“序”的设计。每一学期之间的习作练习

既要有所侧重，又要衔接前后知识点、能力点。既增强每一次训练的针对性，又适当照顾到已有能力的巩固和提高，才能做到循序渐进,科学高效。否则“训”(教)得随意、“练”(学)得散漫,“训练”必然难逃不合规律的“苦练”“傻练”，与“科学训练”相悖。

二、“‘教’学生‘学’”语文教学过程与“科学训练”关系解读

语文教学过程，是教师“‘教’学生‘学’”语文的过程。要优化语文教师“敢教”和“善教”的能力和水平，“科学训练”必须在语文教学过程的各个环节中充分落实。吕叔湘对语文教学过程的创造性阐述，为强化教师“敢教”意识，探寻“善教”之路打开了一扇窗。

“各种学科的教学都一样，无非教师帮着学生学习的一串过程。”换句话说，教学，教学，就是“教”学生“学”，主要不是把现成的知识交给学生，而是把学习的方法教给学生，学生就可以受用一辈子。[1]

吕叔湘继承和借鉴其他教育家的教育智慧，扣住语文学科能力形成的特点，并对语文教学过程作了“‘教’学生‘学’”的丰富：一是深入开掘了英汉语言教学的一般性规律；二是进一步廓清了“科学训练”的主体；三是丰富了语文“科学训练”的内涵。

（一）对“教学生学”在语文训练中的科学迁移

吕叔湘将“‘教’学生‘学’”迁移到语文训练之中，是对教学理论基本问题的继承和开掘。陶行知在《教学合一》中指出“一、

[1] 吕叔湘．吕叔湘全集（第十一卷）［C］．沈阳：辽宁教育出版社．2002：288-289.

先生的责任在教学生学；二、先生教的法子还须根据学生学的法子；三、先生须一面教一面学。”也就是说，在教学过程中，教师的责任不在于教，也不在于教学，而在于教学生学。如果教师只“教”或只“教学”，其实是把学生当作了接受知识的“容器”，不利于调动学生学的积极性，也难以启发学生独立思考；只有“教学生学”，“授之与渔”，启发学生的思维，培养学生的自学能力，才能“探知识的本源，求知识的归宿。”教师在教学过程中更不能“拿学生来凑他的教法，配他的教材”，而应该主动地去了解学生及其兴趣和爱好，因材施教。因为学生禀赋不同，接受能力各异，“教的法子必须根据学的法子”。同时教师要“一面教，一面学”，只有不断夯实自己的语文功底，才能游刃有余于“敢教”和“善教”。

“‘教’学生‘学’”的语文教学过程，凝聚了吕叔湘的创造性智慧——语文能力形成主要遵循“程序性知识”学习规律（需要反复练习直至熟练）。吕叔湘还将“‘教’学生‘学’”的目标形象化为“就是要把学生教得像海绵一样，放在水里就吸收水，放在酒里就吸收酒，因为它到处是空隙，往哪儿都能吸收。”反之，假如我们不是把学生教成一块海绵，而是教成一块橡皮，放在哪儿它都吸收不进去，你在橡皮外面涂上一层东西也无非就是那点，它还会慢慢地往下掉。

（二）架设起教学过程与“科学训练”的立交桥

语文“科学训练”，要注意调适好教师和学生的关系，最大限度地发挥语文“生产关系”对语文“生产力”的反作用：在教学过程中，一方面，教师是领导者、组织者，也是知识的传播者，处于主导地位，理应发挥主导作用。另一方面“教学生学”，就是教学生自己会学，体现以学生为主体的思想。学生是获取知识的主体，是学习的主人。如果不调动学生的积极性、主动性，让他们自觉地学习，主动地探求，教师只管“教”或“教学”，也难收到显著之效。同时，世界上“新知无穷”，学生不掌握探索新知的本领，只靠跟着教师走，无法适应未来生活。

首先，“教”，是教学中的决定因素。这是教师在教学中的主导地位所决定的。现在，似是而非的所谓“学生主体”理论很有市场。不研究“教”，起劲研究“不教”成为一种时髦。这种过度推崇“不教”的做法，本质上是“怕教”“拙教”在实践中的反映。因此，牢固树立教师“训”（教）的主体观念不动摇，大胆传授知识，不遗余力地教导、示范、纠偏和督促学生进行语文训练。

其次，“学生”，是教学的特殊对象。语文教学对象一般不是学科继承人，而是语文能力的熟练掌握者。显然，如果将教学对象进行拔高、降低，或者在教学中搬用其他对象的经验，都可能走向“科学训练”的反面。因此，必须旗帜鲜明地落实学生“练”的主体地位，既不能偏讲废练，更不能只讲不练、以讲代练。

（三）对“正确模仿，反复实践”的提炼和开掘

吕叔湘“‘教’学生‘学’”过程观，提炼和开掘了“正确模仿，反复实践”。“训”（教）蕴涵在“正确模仿”和“反复实践”两个侧面的整个过程之中。“模仿”中包含“训”（如示范等），“实践”中离不开“训”（如纠偏等）。

“训”（教）贯穿“模仿”和“实践”环节的始终，“训”与“练”是不断反复的、互促的、螺旋上升的。“训”和“练”在“正确模仿，反复实践”中“双向互动”：一方面，旗帜鲜明地坚持和贯彻“训练”主线，毫不动摇地继承和坚持“多读多写”的古代语文教育经验。另一方面，甄别“多读多写”中的“非科学”因素，突出训练中教师“训”（指示、示范、纠谬、匡正、归纳、提炼、组织、

导向、制止等）的地位和作用，减少“练”的摸索、盲目和机械，提升“训练”效能。众所周知，基础教育阶段学生自主学习语文的能力尚未形成，“训”（教）不仅是必需的，而且被反复证明是高效的。

吕叔湘“‘教’学生‘学’”语文教学过程观，是对叶圣陶“教是为了最终达到不需要教”的发展。首先，两者有许多共同之处，在训练关系上，教师帮助学，而不是代替学；教师指导练，而不是代替练；教师发挥积极作用是为了强化学生独立自学的积极性、主动性，而不是否定学生“学”的主体地位。其次，“‘教’学生‘学’”语文教学过程观对叶圣陶思想的发展是明显的。一是“‘教’学生‘学’”明确了训练目标与训练过程之间的关系，兼具理论性和操作性。二是“‘教’学生‘学’”进一步明确了“科学训练”中教师和学生的分工和合作关系，高度凝练了“科学训练”的原则和方法，对教师克服“怕教”和“拙教”颇具正能量。

三、“因势利导”语文教学“科学训练”的现实策略阐发

实现语文“科学训练”，“敢教”和“善教”尤为重要。语文教学要推进“科学训练”，研究“善教”尤为关键。所谓“艺高人胆大”，形象地诠释了“敢教”和“善教”的辩证关系，以及如何教在语文教学“科学训练”中的地位。

吕叔湘倡导的“因势利导”语文教学指导原则，对于“善教”问题解决极具现实启发：要做到“因势”，首先要“审势”，这是教师“善教”的基础和前提；要做到“利导”，要首先解决导向何方的问题，是注重教知识，还是注重教方法。吕叔湘特别强调要“教会学生动脑筋”。

（一）“敢教”标准：语文教师的学术胆识辩正

“怕教”有两种情况：第一种是表面上“怕教”，实际上“敢教”。他们有扎实的语文功底，也有一定的教学艺术，但是由于对语文教师的作用、地位认识不清，在教学中不敢大胆教。第二种是表面上“敢教”，实际上“怕教”。他们“敢教”“非语文”，却“怕教”“真语文”。

解决第一种“怕教”，焦点是认识问题。因为对语文教师的作用、地位认识不清，只是暂时的“怕教”；一旦认识清楚了，观念转变了，这种类型的“怕教”也就迎刃而解了，容易迅速转变为“敢教”。

解决第二种“怕教”，焦点是语文功底问题。这种类型的“怕教”，当然不是不敢上课。事实上，有一部分教师不仅不怕教，还很敢教。当然，他们的“敢教”，只是胆子大，不是本事大。因为他们“敢教”的是“非语文”，他们“怕教”的是“真语文”。此乃“无知者无畏”也。因此，解决的主要出路是努力夯实语文功底。

要扭转“怕教”“真语文”的情况，除了认识到“敢教”的错误表象、“怕教”的内在实质外，更重要的是帮助教师树立三个方面的意识：（1）学术胆识；（2）职业责任感；（3）课程价值观。

（二）“善教”要“审势”：找准科学施“教”的前提和基础

教师要“善教”，首先要“审势”。“审势”的“势”，至少包括学生和教学内容两方面。即在语文教学过程中，一方面，要把握学生原有的基础，找准施“教”起点。另一方面，教学内容难或易、有趣或枯燥，施“教”方式不同。

一方面，“善教”者要“审”好教学起点这个“势”。教师要充分了解学生的心理期待，帮助学生做好接受“教”前的准备：

心理准备和知识准备。如，进行阅读教学前，就要找准学生的知识起点，找准文章的重点和难点，找准学生的兴奋点，这样“善教”就有了前提，就能有的放矢。“善教”者，借助“蓄势”，即在授课时将学生的态度提升到适“教”的高程，将情感提高到适“教”的层面，将学生的注意力提高到适“教”的水平——适当到能充分调动学生对所教内容亢奋的心理期待，此时施“教”，就犹如一泻而下的瀑布，收效显著。反之“审势”不到位，就难以找准“蓄势”的前提和条件，过高的起点设计，教师“教”得津津有味，学生却无动于衷；过低的起点设计，教师“教”得唇干舌燥，学生却味同嚼蜡。

另一方面，“善教”者要“审”好教学内容特点这个“势”。是难还是易，是有趣还是枯燥，要不同对待。比如，初学古诗文，可以采用串讲这种“教法”；而学习现代文一般就不适用串讲。议论文是一种“教法”，记叙文是另一种“教法”，说明文又是一种“教法”。

此外，“善教”者，对基础好的学生是一种“教法”，对基础差的学生是另一种“教法”。还要了解学生当前的精神状态，分析他们的非智力因素，热心学习是一种“教法”，精神散漫是另一种“教法 ”。“教法”只有适应不同的情况，才能收到良好效果。

上述举例，只是语文训练方法冰山一角，各种方法只要使用得当，都是可以收到良好效果的。这是“因势利导”的精髓：具体的教学法是战术问题，因势利导是战略方针。否则，恐事与愿违。

（三）“善教”要“利导”：关键要“教会学生动脑筋”

教师除了要讲“因势”，而且要讲“利导”。“利导”，要解决的是导向何方的问题。大而言之，教师心中要有语文课这个正确的方向，才不至于将语文课教成非语文课。也就是说，要坚持“语”

和“文”是语文“科学训练”“利导”的原点。那么，小而言之是不同年级、不同阶段，教学目的有所不同，至少是重点有所不同。“善教”在“利导”方面要侧重解决“科学训练”的“动力”——“变被动为主动，学生要主动地学，教师要主动地教”正如“一辆汽车，要把它的发动机发动起来才行……把发动机一发动，问题就很简单，你坐在那里手握方向盘就行，它自己会动起来向前走了。积极性不只作用于学习上，其他方面也一样。”[1]

吕叔湘由此引申出教师在“利导”方面的关键：“教会学生动脑筋”，即教师设法给学生一把钥匙，学生拿了这个钥匙，能够自己开箱子、开门，到处去找东西。教师不给学生这个钥匙，不管有多少宝贝学生也没有法子拿到手。循着“教会学生动脑筋”这一“利导”的关键和重点，分析具体的“训练”是否有效、是否科学，就容易方向清、目标明。比如，有的教师讲课能讲得眉飞色舞，能让学生听得津津有味，这自然是好事。但是过后还得仔细想一想，到底这堂课给了学生一些什么东西。如果学生确实有收获，那是好上加好。如果学生没有得到多少实惠，那就只是看了一场表演而已，与学生的语文能力提高关联度小、用处不大。一旦如此，教师的反思就要围绕“讲什么？”“要多讲还是少讲？”“什么时候讲？”“如何讲？”等一系列“教”的问题进行思考，随时、随地、随学生、随教学内容等的不同情况，调整“教”的策略。

作品来源

《内蒙古师范大学学报（教育科学版）》2014年3月第27卷第3期。

---

[1] 吕叔湘．吕叔湘文集（第十一卷）［C］．沈阳：辽宁教育出版社，2002：192.

读有所得

汉语与四声

“四声”就是汉语字音里的四种调子。我们试看英文in字，任凭你把它念成几种调子，它的意义不会变更。汉语就不同了：同是in音，只因念起来调子不同，就可以有“因”“寅”“引”“印”的分别。但“因”“寅”“引”“印”只是现代语的四声，不是古人所谓四声。

依古代的说法，四声各有其名称：（一）平声；（二）上声［“上”字该读如“赏”］；（三）去声；（四）入声。古代平、上、去、入的标准调子是怎样，现在很难考定。至于现代各地的方言里，四声的演变也各有不同。官话系多数没有入声（北京“利”“力”无别，“时”“实”无别），其余各系方言则平、上、去、入都有。又因古代清浊音的影响，往往使一个声调演化为两个声调。例如官话的平声演化为阴平阳平两种，故虽失掉入声，仍存四声。客家话非但平声有两种，入声也分阴阳，共成六声。闽语非但平入有两种，连去声也有两种，共成七声。吴、粤往往能有七声或八声；

共有八声者，就是平、上、去、入各分阴阳。广州入声分三种，因此共有九声。广西南部入声有分为四种者（例如博白），于是共有十声。

第四章

行云流水·译者境界

如何译出生动的汉味儿？
——以吕叔湘《跟父亲一块儿过日子》为例

韩　哲

师长导读

《跟父亲一块儿过日子》是吕叔湘早年的优秀译作，以地道的汉语生动地再现了原文风格。大师如何在忠实于原文的同时译出汉味儿？通过分析译例，可将吕译本汉味十足的关键技巧总结如下：善用动词、双音节词、重复、短句和地道汉语词。

翻译有异化和归化之说，并不是所有的翻译都需要译出汉味。高妙的西化可以在一定程度上丰富汉语的表现力，另一方面也是保留原文风格的需要。但是西化绝对不是翻译腔，照搬源语结构也不等同于异化。即便在两种文化里近似的风格，体现在语言层面，其句子结构、横向搭配和词汇范畴等方面都会有很大差别。钱钟书对于好的译本有“化境”之说——“把一国文字转变为另一国文字，既不能因语文习惯的差异而露出生硬牵强的痕迹，又能完全保存原有的风味，那就算得入于‘化境’。”[1] 汉语译出汉味正是英语化于汉语之境里的需要。吕叔湘先生作为精通双语的汉

[1] 陈福康．中国译学理论诗稿 [M]. 上海：上海教育出版社 .2000：418.

语语言学家，留下了不少用地道的汉语译就的优秀文本。此处以吕译 Clarence Day 的 Life with Father（《跟父亲一块儿过日子》）为例，研习吕叔湘如何最大限度地跨越语言的藩篱，译出生动的汉味儿，供翻译学习者揣摩借鉴。

Clarence Day 以家庭题材纪实性作品而著名，Life with Father 是其代表作。克拉伦斯 Clarence 对生活有着细致入微的观察，用朴素自然的日常用语创作，却如同舞台话剧一样活泼生动。世界各地的读者都能在他的故事里找到共鸣，故事里有爱与成长，也有麻烦与烦恼。作者的作品能够这样招人喜爱，平易近人的语言风格功不可没，其活泼生动、妙趣横生，让故事里的人几乎要从书上跳出来。用吕叔湘的话说，他不仅是要跳出来，还要跟你辩论，和你吵架。吕叔湘先生慧眼识珠，不仅做了 Clarence 在中国的伯乐，还以其深厚的语言功底，将这生动的英文译成了同样引人入胜的中文。通过分析译例，拟从以下几点谈一谈吕叔湘如何在保留原文风味的同时，使译文汉味十足。

一、善用动词

英文是结构严密的形合语言，多关系词，动词使用受到限制。而汉语是松散的意合语言，少关系词，多动词，有时候用动词来代替关系词。如果说英语的特点是关系词丰富，那么汉语的特点是动词优势。动词的运用是汉语活色生香的一个重要因素，因此要再现英文的生动活泼，则需要善用汉语的动词。吕叔湘深谙此道，从全书的标题翻译就可见一斑。

（一）原题：Life with Father

译题：跟父亲一块儿过日子

采用动词“跟”和“过”,而不是关系词“与”或者“和”,用“一块儿”和“过日子”这样的动词短语，而不是机械地照搬英文的名词中心词短语“与父亲一起的生活”，显然照顾到了中英文的不同特点，也呼应其内各文，暗示了与父亲一起活泼有趣的种种。又如其中一篇文章的标题：

（二）原题：Father and His Other Selves

译题：父亲要别人都跟他一样

吕叔湘在把握全文意思的基础上，将关系词“and”连接的名词短语译为动词驱动的短句“要……跟他一样”，跨越了语言形式，实现了译文在该语境下的深层对等。试比较“父亲和他的其他自我”，直译关系词会令读者一头雾水，也违反了该标题在原文语境中所展现出的简洁与幽默感。其他善用动词之例也比比皆是，且随手在文集第一页即可摘得如下句：

（三）原文：She had been a debutante when she married, not long out of school, and though she had been head of her class and wrote well and spelled well, and spoke beautiful french, she had never laid eyes on a ledger.

吕译：母亲结婚的时候还是初出闺门，离开学堂不久；虽然在班上考头名，写得一手工整秀丽的字，说得一口漂亮的法国话，她可从来没有见过账簿是什么样儿。

将原文中的名词“debutante”（初次参加上层社会社交活动的少女）译为动词词组“初出闺门”；将状语“not long out of school”译为“离开学堂不久”；“head of her class”译为“在班上考头名”，都把握了汉语中多动词的特点，使译文地道生动。

二、善用双音节

汉语为了语言的整齐美和节奏美倾向于使用双音节，这既包括了对单音节词的扩充，对多音节词的缩略，也包括了重叠形式的使用，跟这个倾向相伴的还有对四音节词（两个双音节）的青睐。而英语中绝大多数的词都是多音节词，不具备汉语单音节词素占优势所导致的节奏特点，也不能因势去创造相应的整齐美和节奏美。因此要把接地气的英文相应地译出汉味，善用双音节，创造汉语的节奏美是必由之路。吕叔湘译文中的双音节和叠字可谓俯拾皆是，仅就第一篇《父亲教母亲喜欢数目字》来说，随处一瞥便可找到的有“一笔笔”“一个个”“时时刻刻”“常常”“回回”“求求”“看看”等。又如译例（三）中，将“wrote well and spelled well”的两个“well”译为“工整秀丽”，将动词译为“写得”“说得”而不是单用“写”“说”，使译文汉味浓郁。随手再摘几个译例如下：

（四）原文：He was systematic by nature and he had had a sound business training.

吕译：父亲自己是个天生有条有理的人，又受过健全的商业训练。

将多音节词“systematic”（有条理的，有系统的）译为“有条有理的”，“sound”（好的）译为“健全的”。其中“by nature”译为“天生”而不是“天性”，“had had”译为“受过”而不是“经历过”，“受过”既是考虑到汉语善用动词的特点，也是双音节倾向的一种体现。

（五）原文：Once every month regularly he held court and sat as a judge, and required her to explain her crimes and misdemeanors.

吕译：每月一次，他开庭审讯，要她说明她的大小罪状。

四音节在这里的运用极为自然令读者不禁感叹，明明是英文，怎么吕叔湘就能量体裁衣得着那么合适的中文，无一字不是从中文小说里能读到的，仿佛克拉伦斯就是用中文创作的一样。又如下例：

（六）原文：Father was a good eighty miles away and safely in bed, but I became so preoccupied and ill at ease that I got up and left.

吕译：父亲是远在八九十里之外，安然地睡在床上了，可是我恍兮惚兮心神不宁地厉害，站起身来走了。

三、善用重复

除了通过重复来构成双音节词和四音节词，汉语也经常重复有关句子成分来表示并列关系，或是表达一种强调的语气英文。除非有文体意义的有意重复，一般都采用省略或替代手段，以避免有意重复。吕叔湘对重复手段的应用可谓游刃有余，如下例：

（七）原文：She knew she couldn't buy them, and mustn't, but every so often she did.

吕译：她知道她买不起，买不得，可是时而还是不禁要买几件。

译例（七）原文中"couldn't"和"mustn't"是并列结构，是对同一种意思的反复强调，实指母亲在面对心爱的瓷器时的心理挣扎，虚指父亲反复明令禁止这种行为的语气，极为生动。译文译为"买不起，买不得"，语气极为紧凑，父亲的三令五申和母亲的纠结跃然纸上。在并列结构中"拿相同的字眼起头或收尾"体现了汉语的整齐美和音乐美。这种重叠也是译例产生汉语韵味的关键。

这种重复也被吕广泛地应用到口语的翻译中。如译例（八），（九）。

（八）原文："You can, you can speak of her all you want to." Father hotly protested.

吕译："你提，你提，你爱怎么说就怎么说。"父亲热烈地抗议道。

“You can, you can”在原文中的重复表现了父亲激动的情绪，吕叔湘恰当地应用了两个重复，完美地把这美国两口子热烈的争吵氛围用中国两夫妻的语气再现了出来，让读者如同身临其境。该句若直译为“你能，关于她你想说什么就说什么。”原文热烈生动的吵架语气必尽失。

（九）原文：“Damn the Wards！ They don’t have to work for it. I don’t wish to be told what they spend, or how they throw money around.”

吕译：“华家，华家！他们的钱不要他们去挣啊。我不要人告诉我他们一个月用多少，我不要人告诉我人家怎么样挥霍。”

文中“Damn”是很强的语气词，表示父亲的暴跳如雷，在中文中以重复手段来译，并且在全句的层面上都进行了体现。

重复有时候本身就具有文体意义，在原文中存在，也需要在译文中做相应的表现，如译例（十）所示：

（十）原文：“When Father called a number himself, he usually got angry at “central”. He said she was deaf, she was stupid. He told her she wasn’t attending to her duties in a suitable manner.

吕译：当父亲自己出去打电话的时候，他常常跟接线生生气，他说她是个聋子，她是个笨蛋，他说她不尽职。

文中父亲大发雷霆的样子，借着对主语的重复得到了体现。“He said...”，“he told her...”，“she was...she was...she wasn’t...”父亲一句接一句骂人的样子刻画得非常生动。吕叔湘完整保留了原文的重复，其中由于中文并列结构以同字重复更能表示强调，把第二个“told”也译为了“他说她……她……他说她……”恰如其分地再现了父亲对接线员气急败坏的控诉，塑造出急躁又自我中心的父亲形象。

四、善用短句

Life with Father 原文多用短句，除了一些基本从句，全书几乎找不到复杂的长句，字数在 10 个单词以下的句子也为数不少。作者不惜重复和频换主语，使句子短小。主述位的转换很快，信息流顺着句序自然向后流动，在某种程度上类似中文语序，并使原文呈现生动的口语化风格。因而译文善用短句，不仅是译出汉味的需要，更是再现原文风格的需要。参见以下译例：

（十一）原文：Mother agreed with Father—she didn't like telephone either. She distrusted machines of all kinds; they weren't human, they popped or exploded and made her nervous.

吕译：母亲跟父亲的意见一致——她也不喜欢电话。凡是机器，无论哪种，她都信不过；它们没有人性，它们会跳，会炸，叫她紧张。

（十二）原文：Little by little, however, and year by year, telephone came into use.

吕译：可是，一点又一点，一年又一年，电话用开了。

（十三）原文：His had none of these things on it; it was strong and handsome but simple.

吕译：他的表链子上一个这样的东西也没有；结实，好看，可是朴素。

（十四）原文：When she cried, or showed that she was hurt, it appeared that Father too, felt hurt and worried.

吕译：要是母亲哭了，或是表示不快，父亲也像是觉得不快，烦恼。

（十五）原文：She had to do the mending and marketing and take care of the children, and she told Father she had no time to learn to be a bookkeeper too.

吕译：她要做针线，要买菜，要照料孩子，她告诉父亲她没有工夫再学记账。

五、选用地道汉语词

词汇有现代和非现代之分，有典雅与通俗之分，不同的词汇能够产生不同的文体效果。针对 Clarence 口语化的现代英语，吕叔湘在翻译时用的词几乎无不是我们在日常生活中讲过的，文学作品中读到过的。不禁让人感叹，译者怎么能把意思传达得那么严丝合缝，又那么家常和流畅。地道的词语选择显示了译者深厚的中文功底，也体现了译者对于原文文体风格的准确把握。于是 Clarence 住在“华府”，他们的邻居都被称为“街坊”，他妈妈“初出闺门”，曾在班上经常“考头名”，这里也不妨再多举几个例子。

（十六）原文：Every time father showed her his, she was unsympathetic.

吕译：每逢父亲拿他的账簿给她看的时候，她是一点儿也不起劲儿。

（十七）原文：She fingered a purchase and though twice about it before she could bear to part with the money.

吕译：她要把那件东西摩挲了又摩挲，心里反复几次，这才舍得把钱拿出来。

（十八）原文：He said again and again at the top of his voice that he wished to be reasonable but that he couldn’t afford to spend money that way; and that they would have to do better.

吕译：他再三地提高嗓子，他不是蛮不讲理，只是他的钱禁不住这么个花法，不能不大家算计算计。

（十九）原文：Mother felt so sorry that she tried hard to keep count of the cash for him.

吕译：母亲觉得过意不去，发个狠要记账。

不管是“起劲儿”，“发狠儿”，是“摩挲”，“算计”，“舍得”，还是“蛮不讲理”，“过意不去”。都是中文读者所喜闻乐见的日常用语，然而对比它们在原文中的出处，于英文原文形必不似，而神恰似。唯有深厚的中文功底，广泛的阅读储备，才能找到如此“化境”之措辞。

六、结　语

近几十年来，各国翻译界有不少关于翻译体的批评。学习吕叔湘先生如何用地道的汉语进行翻译，总结其汉味翻译的规律，对于翻译学习大有裨益。另外也要看到，吕译《跟父亲一块儿过日子》也有一些不尽完美的地方，一些词由于译者所处的时代限制用的是旧式中文，比如把“figure”译为“数目字”，现在已经不常用了，不如直接意译为“记账”。

作品来源

《海外英语》2014 年第 15 期。

行云流水 意到笔随
——评吕叔湘译《伊坦·弗洛美》

乔 磊

师长导读

吕叔湘的翻译被视为“通俗自然”，这不仅得益于其扎实的语言功底，更源于他在翻译过程中创造性地使用个人习语，其用词的考究和恰当可谓一绝。吕先生译美国女性作家伊迪丝·华顿的作品《伊坦·弗洛美》最为人所称道。

茅盾先生曾说过:“文学翻译是用另一种语言，把原作的艺术意境传达出来，使读者在读译文的时候能够像读原作时一样得到启发、感动和美的感受。”我国著名翻译家吕叔湘先生，正是用心传递着这项诠释灵魂的艺术，如果把翻译比为一座桥梁，吕先生在这座桥上一走就是几十年。吕叔湘是中国著名的语言学家，他为现代汉语语法系统的规范形成作出了杰出贡献，除此之外，他还开辟了一片文学翻译的园地，撒播良知和人性的种子，用他的血汗浇灌，培育了许多文学翻译的灿烂花朵和精神食粮，用这些花朵陶冶人们的思想情操，用这些精神食粮提高人们的人文素质。吕叔湘在翻译过程中领悟到这是个非常艰苦的工作，像戴着镣铐跳舞，在受限制的范围内要跳得轻巧、细腻、优美，因此，吕先生的译文有它的独特而一贯的风格:清晰、简洁、细致、精炼。他的译笔像天际行云一般的舒卷自如,能曲达原著的意境和丰神,而又自然流畅,字字熨帖。只有一个有语言学家的眼、同时又有诗人的心的人,才能有这样卓越的成就。

一、译文美雅　富于风趣

远在好多年前,叶圣陶先生就指出过吕译有文章之美。这美,是有目共睹的。我们试就本书引一段看看:

他到郝尔家把灰色马牵出,开始走上回家的上坡路。外边的寒冷已经不及早半天厉害,沉重的天空预示明天又要下雪。这儿,那儿,穿出三五颗疏星,透出背后的深蓝色。再过一两点钟,月亮就要从自己田庄背后的山头升起,在云堆里烧出一条金边的裂缝,又慢慢地被云吞没。一种荒凉的宁静挂在田野之上,好像它们也感觉寒冷稍减,在它们的漫漫的冬眠之中伸伸脚。

这是散文的妙品,大概谁也不会否认的。这里有的是繁复和深奥的意思,很不容易传达出来,可是吕译却那么明快爽朗,毫无格格不吐之病。“田野要在漫漫的冬眠之中伸伸脚”(they [the fields] … stretched themselves in their long winter sleep),这是一个新奇而深刻的意象,在别的译者笔下,恐怕要变成异常晦涩的句子了。(但是“好像它们……”似乎不如“好像这些田野……”)

吕译的另一个特点,是富于风趣。读了它,你往往发笑,而且这笑里往往还有辣味、酸味。大家知道,幽默是在翻译里极难保存的一种风格——多少原著里的妙句,在一般译文里变成了蠢话!可是在吕先生的生花妙笔之下,原文的幽默味非但没有冲淡,反而变得更浓:

……“我是个‘杂症’,”她说。

伊坦知道这是个异常严重的字眼儿。邻近这一带差不多个个人都有“毛病”，说得出病在何处，怎么个样儿；但是只有少数不凡的人才有“杂症”。“杂症”能抬高你的身份，虽然往往也就是阎罗王的请帖。许多人有毛病可以带病延年一年年混下去，可是一有“杂症”十有九就完了。

吕先生在这儿用“杂症”来译complications，真是恰当不易。Only the chosen had “complications” 译成“只有少数不凡的人才有‘杂症’”，把一个没病而爱装病的女人的心理活生生地画了出来。People struggled on for years with troubles 译成“许多人有毛病可以带病延年一年年混下去”，庸人自扰的情态，跃然纸上。

但是吕译最大的长处还是对话。他的对话确是话，清楚，干脆，念得上口，听得入耳，像漂亮的戏剧对白那样讨人喜欢。听吧：

“唉，他的日子不大好过；”哈蒙说。一个人坐在家里二十多年，眼看着许多该做的事情做不了，您说他焦不焦？有劲儿没劲儿？弗洛美家那几亩地自来就是猫儿舔过的牛奶锅儿似的光溜溜的；那些个老磨坊今日之下还值几个钱儿您总也知道。早年弗洛美能打天亮到天黑磨古它们的时候，还对付勒揩点儿什么出来；可是就在那个时候，他一家人几张嘴儿也就把那点儿吃尽喝光，这会儿他怎么混来着我可想不出。先是他爹在地里割草的时候摔了一跤，脑子有了毛病，花钱像施善书，好几年才死了。接着他妈妈又“除了怪”，吃喝起倒都得人招呼，像个小孩儿，又拖上好几年；再就是他的女人——细娜，她自来就是个爱吃药的。病痛和祸害，这是伊坦的家常便饭，从他能吃饭时候算起。

你听，这不是乡下老儿讲故事的语气吗？多么写实，多么逼真，真是够味儿！但是和原文一对，才知道译者在这儿句话上花的功夫可大了。“猫儿舔过的牛奶锅儿似的光溜溜的”原文是 as bareas a milk pan when the cat’s been around，译者把一个子句缩成了短语，免致太噜苏。“他一家人几张嘴儿也就把那点儿吃尽喝光”原文是 his folks ate up everything，译者添了几个字使文气舒畅，更像口语。可是最值得佩服的还是“病痛和祸害，这是伊坦的家常便饭，从他能吃饭时候算起。”这句话原文是 Sickness and trouble : that's what Ethan's had his plate full with，ever since the very first helping. 我起先看到这话，想了半天想不出一个人人看得懂的译法，那晓得吕译竟那么明畅老练！

二、神奇逼肖　结构活泼

为什么吕译能有这样高的成就呢？我认为首先是，原文的意义，译者辨认得十分真切。原文每字每句的含义和情调，译者都看得清清楚楚，有了充分把握，所以翻译时放胆下笔，如齐白石作画，不斤斤于形似，而神气自然逼肖。试举几个例子：

1.In a sky of iron the points of the Dipper hung like icicles and Orion flashed his cold fires.

在铁色的天空，北斗的星点像冰柱，南天的猎户星射出寒冷的光芒。

2.It was a slow trudge home through the heavy fields.

在积雪很深的田亩间走路快不了。

3.But the bay was as good as Frome's word, and we pushed on to the Junction through the white, wild scene.

但是那些老栗马不辜负弗洛美的话，我们在漫天风雪之中终于到达了车站。

时下的译文，有一些是看不懂的，因为译者对原文没有透彻的了解，只好逐字直译。有人以为这是忠实，其实这是偷懒和取巧。这样的译文用不着熔铸和洗炼的功夫，只把原文硬搬过来就成。吕译和这种译文正好相反。在下面这些句子里，吕先生显出了他的语言学的知识和艺术家的手腕：

1.They turned at the gate and passed under the shaded knoll where, enclosed in a low fence, the Frome gravestones slanted at crazy angles through the snow.

他们走进了篱笆门，在一道矮矮的石墙围住的弗洛美家的墓园旁边走过。那里边多少块墓碑在雪地里横斜倚伏。

2.Despair seized him at the thought of her setting out alone to renew the weary quest for work.

想起她一个人出去重新登上找工作的艰辛的路途，觉得万念俱灭。

3.Mattie's hand was underneath, and Ethan kept his clasped on it a moment longer than was necessary.

玛提的手在下，伊坦把它握住，没有立刻就放。

4.These alterations of mood were the despair and joy of Ethan Frome.

她这种一会儿一个情调，叫伊坦时而灰心，时而高兴。

吕译的句子结构，是极其活泼的。他竭力忠于原文，要和它靠近，但是他深知各种语言自有其特殊的习惯规律和性能，所以从不削足适履，强迫中文死守外文的规律。为了译文的明畅流利，他大胆地省略了一些原文有而中文用不着的介词、连词、关系代词。在下面这些句子中，我们可以看出大匠运斤，得心应手之妙：

1.The builder [Hale] refused genially, as he did everything else.

郝尔的拒绝是很婉转的，这人无往而不婉转。

2.Business is pretty slack, to begin with, and then I'm fixing up a little house for Ned and Ruth, when they're married.

一来是生意清淡，二来我正在预备给纳德和路德盖个小房子，他们快结婚了。

3.She's a pauper that's hung onto us after her father'd done his best to ruin us.

她是个小叫花子，她的父亲拐了我们大家的钱，这会儿她又赖在我们身上。

4.The blood rushed to his thin skin under the sting of Hale's astonishment.

郝尔的一脸诧异之色，伊坦反而面红耳赤的不好意思起来。

5.For the life of her smile, the warmth of her voice, only cold paper and dead words!

没有了她的活泼的笑容，没有了她的温暖的声音，只有冷的纸和死的字！

吕先生是中国语法家，中文有而外文没有的各种特殊词性和句法，他都有深刻的认识，因此行文如行云流水，意到笔随，极富于自然之趣。他的译文有中国风味、中国气派，是活译而非死译，读起来流畅亲切，几乎像读原文那样：

1.Come along! Get in quick! It's as slippery as thunder on this turn.

来吧！快点儿上来！这一截子滑得要命呢！

2.That thrust had frightened him more than any vague insinuations about Denis Eddy.

这一枝冷箭比邓尼斯·伊坦呀什么的更叫他惊惶。

3.She stood perfectly still, looking after him, in an attitude of tranquil expectancy torturing to the hidden watcher.

她站在那儿一动也不动，望着他的后影，她的安详地期待着的态度可把黑地里守着的那个急坏了。

4. ...Mattie was bound to make the best of Stark field since

she hadn't any other place go to.

……玛提不喜欢斯塔克菲尔也得喜欢，因为她没有第二个地方可去。

三、词汇丰富　考究恰当

可是，吕译最不可及的地方，还是用词的考究和恰当。吕先生的中文词汇是那么惊人地丰富，无论是古文、白话、成语、俗谚、行话、切口，他都兼收并蓄，到了下笔翻译的时候，简直是源源而来，左宜右有。原文有许多词句，别人搜肠刮肚总找不到适当的译语，吕先生却是信手拈来，恰到好处：

1.Now and then he turned his eyes from the girl's face to that of the partner, which, in the exhilaration of the dance, had taken on a look of impudent ownership.

他时而转移他的目光从女子的脸上到她的舞伴的脸上，那张脸在跳舞的狂热之中俨然有"佳人属我"的精神。

2.He had even noticed two or three gestures which, in his fatuity, he had thought she kept for him.

他甚至注意到两三个姿势，他一向痴心以为是保留给他的。

3.Zeena herself, from an oppressive reality, had faded into an unsubstantial shade.

连细娜这人也由咄咄逼人的实体褪成一个虚无缥缈的影子。

4.Now, in the warm, lamplit room, which all its ancient implications of conformity and order, she seemed infinitely farther away from him and more unapproachable.

这会儿在温暖的有灯亮的屋子里头，自古以来的伦常和规矩好像都摆在这儿，她变成辽远而不可接近。

5.At Worcester, though he had the name of keeping to himself, and not being much of a hand at a good time, he had secretly gloried in being clapped on the back and hailed as "Old Stiff" .

在乌司特上学的时候，他是有名的孤独朋友，对于赏心作乐完全外行，可是偶尔有人拍拍他的背，叫他一声“老伊”或者“老傻”，他嘴里不说，心里可高兴。

我在上面举出了吕译的许多优点，可是它是否也有缺点呢？既然莎士比亚会打盹，吕先生偶尔也有疏忽之处也是不足为怪的。在有些地方，为求句子的斩截，吕先生似乎未免对原文过于大刀阔斧。例如：

1.So marked was the change in her manner, such depths of sad initiation did it imply, that, with doubts as to my delicacy, I put the case anew to my village oracle, Harmon Gow, but got for my pains only an uncomprehending grunt.

郝尔太太提起伊坦·弗洛美的名字，神色大变，似乎有无限的悲哀，因此我又把这件事情请教哈蒙·高，虽然我不免有点踌躇。哈蒙哼了一声。

这里 I put the case anew to my village oracle，Harmon Gow 似乎应该译为“我把这件事情又请教哈蒙·高那一肚子故事的乡下老儿”，but got for my pains only an uncomprehending grunt 不妨译为“可是问来问去，哈蒙却只似懂非懂地哼了一声”。这样，保持了原文的完整性。

四、结　语

吕叔湘选择不用楚楚动人来代表青春，不用倾城倾国来代替美丽，也没有用“洗尽铅华，伤逝红颜”来代替皱纹，这样的翻译让人不会忘记，最浓艳的妆并不是最美的，不见痕迹的雕琢才是最好的镂空之术，他的文章如此，译文亦是如此。吕叔湘是一位地地道道的学人，一门心思研究学问，治学态度严谨，他的译作处处体现严肃认真、实事求是的作风。无论是长篇巨著，还是一二千字的短文，都要逐字逐句地仔细推敲，从不马虎敷衍。青年翻译工作者应该有吕先生“十年磨一剑”的精神，为我国翻译事业的蓬勃发展贡献力量。

〖作品来源〗

《太原大学教育学院学报》2011 年 6 月。

吕叔湘先生的翻译成果概要

陈　韵　任利华

师长导读

吕叔湘是中国语言学界的一代宗师，70 多年里一直从事语言教学与翻译工作，其中主要涉及英语翻译、写作、文风等领域。吕叔湘先生长期从事文学及人类学著作的翻译工作，其翻译的作品体现了科学与艺术相结合的精神，同时又以通俗易懂著称于世。同时，吕叔湘还是中国著名的语法大师，其翻译的作品对当代中国的翻译技巧及翻译标准的发展有着重要的推动作用。

吕叔湘先生作为中国对比语言文学及英汉对比文学研究的奠基人，其在《英汉对比研究论文集》中提到，事物之间的差异在所难免，但要想找出其出现这种问题的原因则是一件非常困难的事情与工作。吕叔湘翻译的作品不多，但基本上都是精品，并受到诸多翻译大家的高度评价。这些都与他精通英语，同时又是位著名的汉学大师有着紧密的联系。不管原文有多么复杂与难懂，他都能透过表象，探寻到真知，并能用汉文有效地传达原文的意思，表现了作为翻译家与艺术家所独有的理解与思想。

一、吕叔湘的翻译目的及思想

吕叔湘先生对文理科的选择上有着独特的见解。例如，年仅18岁的吕叔湘在高校选择上遇到了困难。当时江苏省的学生的最高目标就是考取上海交大，吕叔湘的同学拉着他去考上海交大，吕叔湘则对他们说："上海交大是好，但是我更热爱文科，我决定要研究新文化，不去考上海交大，因为新文化对我更有吸引力。"从此，吕叔湘走上了文科发展的道路。吕叔湘认为，翻译作品就是要让读者开拓视野，增加知识。在苏州中学教书期间，吕叔湘兼任了学校图书馆馆长的职务，他通过图书给学生提供了新的空间与视野，他的学生回忆道："我记得他主持的图书馆非常有特点，在一个开架的阅览室中有着大量的新书供我们去阅读，我确实在那个图书馆里学到了很多知识。"在中学教书期间，吕叔湘完成了著名的人类学著作《文明与野蛮》序文的翻译，最终走上了文学翻译的道路。吕叔湘认为文明是文化中的重要元素，一般较为复杂的文化是由多种因素组合而成的，因而文明的发展并非是一个国家或民族的结果，而是全人类共同创造的。吕叔湘在北京语言学院演讲时指出："通过比较研究语法来认识汉语文学的特点，就需要与非汉语言文学专业的文学进行比较。"因此，吕叔湘认为通过优秀的外国文学作品的翻译，能够有效引导学生来比较中英语言文学的差异，并能引导与激发学生对英语的学习兴趣。

近代以来，中国在自然科学领域发展相对滞后，同时几次科技革命的出现，产生了新的科技名词，而中国的近代的学术名词大多数是翻译而来的，因此，吕叔湘认为，翻译可以借鉴国外优秀的语言表现手法来丰富自己祖国的语言文化，因此，翻译工作者对规范与学习语言工作有着重大的责任。翻译的译本对读者有着重要的影响，并在传播语言方面有着重要的作用。吕叔湘是中国翻译学界的重要代表，几十年来一直从事翻译工作。同时，作为蜚声国内外的翻译学家，吕叔湘非常重视编译工作，例如，1980年初，在商务印书馆举办的“编译出版业务讲座”上，吕叔湘谦虚地说：“可能是一个人干哪一行就很难不谈该行，因为我是做翻译工作的，所以对编译问题胆子就比较大了。”吕叔湘从来都不用直译或意译来说明自己的翻译风格与标准，他认为翻译没有直译与意译的划分方法，而只有平实与工巧的区别，所谓平实，也就是不增加一语一句的完美翻译。他还反对译文的粗糙与生硬，认为优秀的翻译作品不但要忠实于原文，而且还要流畅与易懂。吕叔湘先生的翻译态度非常严谨，强调务实、创新的翻译精神，努力探索英语及汉语的特点与规律。其翻译的作品不但重视对中国文学传统的继承，而且还积极借鉴与倡导国外的语言学理论及方法，对中国翻译理论有着推动与创新。

二、吕叔湘的翻译成果

吕叔湘一生共翻译了三十多部作品，同时还编撰了两部英汉对比的作品。他翻译了人类学与社会学三部作品，其中有马雷特的《人类学》，美国人类学家罗伯特·路威的《初民社会》及《文明与野蛮》。吕叔湘翻译的文学作品总共有二十八部，其中包括小说十五部，剧本七部及短诗若干首。他翻译的长篇小说有十部，主要是美国作家威廉·萨洛扬的《我叫阿拉木》、美国女作家凯瑟琳·福布斯的《妈妈的银行存款》、伊迪丝·华顿的《伊坦·弗洛美》、埃里克·奈特的《飞行人》、克莱伦斯·戴的《跟父亲一块儿过日子》，同时还选译了美国作家唐纳德·莫法特的《莫特一家在法国》中的文章，节译了英国作家劳伦斯的《智慧七柱》中的《沙漠革命记》，还有美国女作家弗兰西斯·埃蒂森博格的《坐屋顶的人》、女作家罗斯马瑞·泰勒的《母亲和她的房客们》等。七个剧本主要为七个独幕剧，其中包括英国作家米尔恩的《哥儿回来了》、美国作家乔治·米德尔顿的《家教》、克里斯托弗·莫丽的《星期四晚上》、英国作家查尔斯·李的《沈普生先生》、奥斯的《一个道德的问题》、及美国女作家派劳特的《都是为了她》等。

翻译的六首短诗是美国女诗人埃迪蕾特·克拉普思的六首五行诗，主要为《秋夜》《三件》《苏珊娜和长老们》《碰不得的伤口》《警告》及《对命运的漠视》等。此外，吕叔湘还翻译了两部语言学作品，即著名的语言学家赵元任为外国人所著的《汉语口语语法》及美国语言学家斯普科威尔的《句法理论基础》。吕叔湘还翻译了两本英汉诗歌对比的著作:《中诗英译比录》，该专著总共收录了中外汉学家及翻译学家近六十首中文诗歌的英译文二百多篇，时间跨度非常大，从《诗经》开始一直到唐朝末年；吕叔湘英译版《唐人绝句百首》，共收录了国外汉学家及翻译家一百多首对唐诗、绝句的翻译，并对译文及作者进行了详细的解说。吕叔湘是中国对比文学学科及英汉对比研究学科的创始人之一，并在《英汉对比研究论文集》中提出“指明事物的异同点，并追究它们为什么会有这些异同就非常困难，这便是对比文学的最终目的”。1984 年商务印书馆出版了吕叔湘先生翻译的三本人类学之一的作品，是美国人类学家罗伯特·路威写的一本人类学科普读物。1992 年人民文学出版了吕叔湘在抗战时期翻译的《伊坦·弗洛美》，可见吕叔湘先生的翻译成果对当代中国有着重要的学术贡献及深远影响。

吕叔湘是中国著名的文学家，同时也是一位著名的翻译学家及翻译理论家。早在二十世纪三十年代就开始了其翻译工作，将大量优秀的先进文化介绍到中国，他的《中诗英译比录》更是闻名国内文坛。吕叔湘认为，文学翻译是通过另一种语言将原作的艺术境界传达出来，使读者在读到译文时能够像读到原著一样。吴钧燮曾评吕叔湘的翻译对原著的忠实与谨慎，用朴实的语言及生活中的常语再现了原文的风格。吕叔湘的译文虽然都是二十世纪三四十年代的翻译，但是即使现代人读起来也不会觉得晦涩难懂，反而让人觉得生动与平实。吕叔湘超凡的翻译成就还体现在其对用词的考究上，这一方面体现在他对高深的汉文化语言的贯通，另一方面则是吕叔湘先生的独特的艺术家眼光，他翻译中所选择的词汇及语句往往都会让人感到自然与恰当，充分体现了作为一位著名语言学家所拥有的渊博知识及艺术家的匠心独运。吕叔湘先生从事翻译工作几十年，他学贯中西、翻译成果卓著，为中国的翻译事业作出了重要贡献。吕叔湘认为："通过翻译可以借鉴国外语言的表现方式及手法来丰富中国的语言，特别是当时中国在自然科学方面的落后及资本主义国家科技的迅速发展，新的科学名词不断涌现，这就需要翻译工作者的努力，同时翻译工作者还在规范现代汉语工作中负有非常大的责任。"吕叔湘翻译的作品有着广大的读者群，并且对汉语言的发展与传播有着重要的推动作用。

作品来源

《兰台世界》2013 年 1 月上旬。

精彩选段

七年之后，他在印度旅游，住在一家旅店里。有一天，等开饭的时候，他给店主人的小女儿画鸟玩儿。当他画了一只猫头鹰的时候，旁边一个小女孩说："请您再给画一个猫咪！——因为，您知道，他们坐上一条船出海去玩儿，带了点儿蜂蜜，还有不老少的钱，外边包上一张五块钱的钞票。"李尔询问之后才知道这个女孩儿上学的学校里，老师把这首诗教给了全校的学生。李尔听了之后，也许会觉得他这一生没有白白度过。

——吕叔湘译《李尔和他的谐趣诗》最后一段

第五章

百家争鸣·语文常谈

《〈汉语语法分析问题〉助读》质疑

许俊芳

师长导读

《汉语语法分析问题》是吕叔湘先生的一部重要语法著作，全书以语法分析问题为纲，结合语法研究的历史和现状，对汉语语法研究中一些长期未能解决的问题，进行了深入的分析和探讨。但书中还有一些问题值得商榷，如区别词的问题、句子结构和分类问题等。

《汉语语法分析问题》（以下简称《分析》）是吕叔湘先生的一部重要语法著作。全书以语法分析问题为纲，结合语法研究的历史和现状，对汉语语法研究中一些长期未能解决的问题，进行了深入的分析和探讨。可以说，《汉语语法分析问题》不仅是吕叔湘先生数十年从事语法研究的经验总结，而且是对我国语法研究的一个历史性总结。这本书出版以来得到语法学界的高度重视，其内容和观点被广泛加以应用，广大语法工作者，特别是中青年学者，把它当成学习、研究汉语语法的良师益友，不仅从它的内容本身受到教益，而且从中学习分析问题、研究问题的治学方法。吕先生在此书的序中指出："提出各种看法，目的在于促使读者进行观察和思考。所以望得到的反应，不是简单的'这个我赞成'，'那个我同意'，而是'原来这里边还大有讲究'，因而引起研究的兴趣。”吕先生的这个目的应该说完全达到了。

由于《分析》这本书写得极为浓缩，要真正读懂文章的微言大义并不容易，幸而有陈亚川、郑懿德夫妇为我们做了《分析》助读，对《分析》所论问题的来龙去脉，为我们做了全面的展示，使我们对《分析》的精华，能够很好地吸收。此书对学习现代汉语的人来说，其重要程度是不言而喻的。在肯定此书的贡献的同时，书中还有一些问题值得商榷，特向陈亚川、郑懿德两位先生请教。

一、关于区别词的问题

两位先生在解答第 97 个问题时，引用了《试论非谓形容词》一文，对非谓形容词的七个特征作了诠释，即（1）都可以直接修饰名词，例如“小型水库”；（2）绝大多数可以加“的”修饰名词，如“小型的水库”；（3）大多数可以加“的”用在“是”字后边，例如“这个水库是小型的”，或者代替名词，例如“大型的不如小型的”；（4）不能充当一般性的主语和宾语；（5）不能做谓语；（6）不能前边加“很”；（7）否定用“非”，不用“不”。

随后又引用了朱德熙《语法讲义》为区别词做了定义：“区别词是只能在名词或助词‘的’前边出现的黏着词 。”

对区别词的定义，没有问题，然而在第 98 题中，有个别例子我觉得不是很恰当，值得商榷。如：拔丝（～山药）。

根据非谓形容词的七个特征，我们可以知道这个词：1. 不能加“的”修饰名词；2. 不能加“的”用在“是”字后边，例如不能说“这个山药是拔丝的”；3. 否定不能用“非”，不能说“非拔丝”；4. 可以做谓语，如可以说“这些山药可以拔丝”；而且这个词既然被定义为区别词，应该有与其成对出现的词，以示区别才对，而且这个对立的词语应该是唯一的，但是“拔丝”这个词，还可以有“红烧”“清蒸”“爆炒”之类的词语和其相对，所以我认为这个词列入区别词实在有些勉强。

二、句子的结构和分类问题

在《助读》的107页，作者在解答第79题时，举例说：名词谓语句包括与几种句式有交叉的“是”字句，我是北京人。

根据黄伯荣、廖序东《现代汉语》对句子的分类，我们可以知道，在句子的分类问题上，“我是北京人”和“我北京人”是两种不同的类型，前者是典型的动词谓语句，后者是典型的名词谓语句。从语义的层面可能是相同的，但是从结构的角度划分是不同的，所以我认为这两个句子不能混为一谈。不能认为把“是”的作用划为强调，因为它的理解应该与语境联系得更加紧密，我们分析单纯的句子时，就应该把语境的因素抛开，从结构的角度进行划分。

三、词的分类问题

在解答第76个问题时，把单纯词分为单音节和多音节词，在对多音节词进行分类的时候列举了双声、叠韵、译音、象声、其他几种。从所举例来看，应该包括黄伯荣、廖序东他们在《现代汉语》中提出的“叠音词”，如“猩猩”“狒狒”等词语，否则这些词就没有办法归类了。

四、复指关系的鉴定问题

在《助读》第2378页，作者举例说明什么叫重指关系，例子如下：

1. 耳朵聋了的人他自己也很苦。

2. 说老实话办老实事，这是做人的起码标准。

3. 这碗参汤，你喝了它。

这三个例子，根据黄伯荣、廖序东的《现代汉语》（第四版），我们知道，它们都被划作了主谓谓语句，三个句子中的“耳朵聋了的人”与“他”，“说老实话办老实事”与“这”，“这碗参汤”与“这”，三组词，它们分别处于不同的语法地位，前者都是整个大句子的主语，后者是小句子的主语，所以它们不能构成同位复指的关系，因此这些例子也值得商榷。

五、“是”字作为形容词的问题

在《助读》第 366 页，作者在描述“是”作为形容词时，举例：“承认我的不是”。

在《汉语词典》中。“是”的解释“正确”，一般与“非”连用做“是非”，而“不是”这个词显然受古代汉语的影响，所以这个例子不是很妥当。

以上仅是我的一些看法，如有不当之处，还希望两位先生谅解，希望两位不吝赐教！

很多学习者读《汉语语法分析问题》遇到各种困难，要求解答，陈亚川、郑懿德两位先生把搜集的问题和为讨论这些问题所作的笔记整理出来，选择其中的 300 多个问题，逐一加以注释、说明和解答，完成了《汉语语法分析问题》助读。这本书可以说是采集众说，选择材料，提供情况，帮助理解，是值得我们用心读的好书。

作品来源

《学周刊》2015 年第 6 期。

浅析《汉语语法分析问题》

李书敏

师长导读

吕叔湘先生的《汉语语法分析问题》对汉语的语法研究起着非常重要的参考价值。

一、《汉语语法分析问题》的写作目的和意图

（一）写作目的

1. 对汉语语法体系中存在的问题做一番检讨，看看这些问题何以成为问题，何以会有不同意见，这些不同的处理法的利弊得失又如何。

2. 提出各种看法，目的在于促使读者进行观察和思考。

3. 通过对问题的分析和说明，把研究工作向前推进一步。

（二）写作意图

对于该书的创作意图，吕先生说道："主要是为了说明汉语语法体系中存在的问题何以成为问题，说明问题的来龙去脉，借以活泼思想，减少执着。让他们了解，体系问题的未能甚至不可能定于一，不能完全归咎于语法学者的固执或无能。"[1]

[1] 吕叔湘 . 汉语语法分析问题 [M]. 北京：商务印书馆，1979.

二、《汉语语法分析问题》的内容简介

（一）单位

1. 语素和词

关于语素和词的问题，作者从三个方面入手进行分析，其中作者指出："语素和汉字在大部分情况下是一对一的关系，但是也有别种情况。"此外，关于语素和词的判断标准和方法，作者也提出了相关的方法对其进行判断：第一，要看它能不能单独作为一句话来说，可以单独回答问题的就一定是词。第二，一句话里，把能够单说的都提开，剩下的不能单说，但也不是一个词的一部分，那么这个语素是词。

2. 词和短语

关于一个语素组合是词还是短语的问题，作者列出了五个影响因素，并指出："单纯用有没有不单用的成分来决定一个组合是词还是短语，显然行不通。""整个组合能够单用就是词或短语，不能单用就不是词而只是构词的成分""如果一个组合的意义等于它的成分意义的总和，那么它是一个短语。"由此可以看出，在判断是不是词的时候，我们应该结合词的语法意义和词汇意义进行判断。

（二）分类

关于这一节，作者主要对词、短语还有句子进行分类。对于词的分类标准，吕叔湘先生认为不能一味地依靠句法功能对其进行划分，而应当根据不同的分类方法，将词划分为实词和虚词两个类别。对于短语的分类标准，作者则主张从结构和功能两个方面入手进行划分。最后，对于句子的分类标准，吕叔湘主张从段

落里面找句子的功能。

（三）结构

1. 结构层次和结构关系

在结构层次和结构关系上，作者采用的“二分法”，即直接成分分析法。

2. 句子的结构和分析方法

“句子的结构分析，即句法，是现代语法学的中心。”在分析过程中，作者指出适用于汉语的分析方法——分阶层分析法，即把短语定为词（或语素）和句子中的中间站再进行分析。

3. 句子的复杂化和多样化

最后讲到了单句和复句的问题，作者给出了区分单句和复句三个因素：一，是否只有一个主谓结构；二，中间有没有关联词；三，中间有没有停顿。但是问题又不是这样的简单，在判断一个句子是单句还是复句“不能拿一个句子和另一个句子去比较，一比较就叫人为难。”

三、《汉语语法分析问题》的创新

（一）语法分析观的创新

综合汉语的语法特点和汉语自身的特点，吕叔湘先生提出了他独到的语法分析观。

在分析语法单位时，作者首先提出了小句的概念，继而又说“讲汉语的语法，由于历史的原因，语素和短语的重要性不亚于词，小句的重要性不亚于句子。”“叫做分句是假定句子是基本单位，先有句子，分句是从句子里划分出来的。叫做小句就无须作这样的假定。这些均反映出作者对小句的认可与肯定，认为叫做小句比叫做分句好。此外，作者从动静结合这一独特的视角区分了句子跟词和短语的区别：“词，短语，包括主谓短语，都是语言的静态单位，备用单位；而句子则是语言的动态单位，使用单位。”

在分析句子时提出了句子成分分析和层次分析相结合的原则，即“句子成分分析有必要吸收层次分析法的长处，借以丰富自己。”

（二）语法思想的创新

在对一些概念上的认识，作者既有其独到的见解，而且在一些概念上进行了创新。

首先，作者认为“词素”这个概念不及“语素”，因为“语素的划分可以先于词的划分，词素的划分必得后于词的划分，而汉语的词的划分是问题比较多的。”

其次，作者认为用“语缀”比用“词缀”要好得多。因为汉语语缀的特点是词根或词以及短语都可以是附着对象。

最后，作者通过引入“隐含”这个概念，区分了“隐含”和“省略”的不同，以此来指出从前的一些语法学家滥用“省略”和“倒装”这一错误做法。因为省略是有条件限制的：“省略的成分是明显的，如果需要，就可以肯定地补出来，没有两可情形；省略了某成分的句子（或）分句，一离开特定的语言环境就不成为句子，不能表达完整明确的意思。”[1] 以“他要求参加”和“他要求放他走”为例，可以说“参加”前边隐含着“他”，“放”前边隐含着“别人”，但是不能说省略了“他”和“别人”，因为实际上这两个词不可能出现。由此可以看出，隐含绝不等于省略，而且隐含也不影响句型。

[1]　张斌，胡裕树．汉语语法研究［M］．北京：商务印书馆，1989.

四、《汉语语法分析问题》的不足

虽然说《汉语语法分析问题》在新时期汉语语法研究的发展中起着非常重要的指导和促进作用，但纵观全文，我认为吕叔湘先生在“的字短语”的分析上不及朱德熙在《现代汉语语法研究》中详细、透彻。

虽然在《汉语语法分析问题》一书中，作者对“的字短语”进行了分析。在对“的字短语”的分类上，也仅说明了可分为 D1 和 D2 短语，按其功能也无外乎是名词性短语、动词性短语和其他性质的短语，如介名短语，并没有进行下一步探讨，这未免有些笼统。而朱德熙先生在《现代汉语语法研究》一书中采用论证、推导、归纳等手段进行归类，并总结出“的 1”“的 2”“的 3”的分布。其过程有理有据，让读者能够深刻的理解，从而准确地使用。这样看来，吕叔湘先生在这一点上做得还不够细致。

五、结　语

《汉语语法分析问题》虽然篇幅不长，但内容丰富，全面分析了从语素到复杂的句子的所有问题。虽然存有不足，但对语法的学习和研究仍具有很强的指导意义，同时也给语法学习者留下了一笔宝贵的财富。

作品来源

《才智》2013 年 2 月。

吕叔湘对中国修辞学的贡献

钟玖英

师长导读

语言学大师吕叔湘不仅是语法学家、语文教育家，同时也是一名修辞学家和修辞实践家。吕先生一生十分重视修辞学研究并且始终关注、支持修辞学的健康发展。他对中国修辞学的重要贡献是：开创性研究提供了修辞学研究的新范式；独特修辞观促进了修辞学的科学发展；打造学术平台促进学术交流，发现并培养了杰出的修辞学家。

一、开创性研究提供了修辞学研究的新范式

作为修辞学家的吕叔湘在修辞学研究方面的一大贡献是，他力图从自己的修辞学理念出发，成功进行了实用修辞学研究，其研究成果对普及修辞知识，提高社会大众的修辞意识和修辞能力起了积极作用，更为修辞学研究提供了富有借鉴价值的研究模式。其研究成果集中反映在《中国文法要略》[1] 和《语法修辞讲话》[2]。

《中国文法要略》是吕先生 20 世纪 40 年代出版的一部重要的语法学著作，但同时也是一部修辞学著作。对此，王希杰有所

[1] 吕叔湘 . 中国文法要略 [M]. 北京：商务印书馆，1982.

[2] 吕叔湘，朱德熙 . 语法修辞讲话 [M]. 北京：中国青年出版社，1952.

论及：“我以为，吕叔湘是语法学家，也是修辞学家，他的代表作《中国文法要略》某种意义上也是修辞学著作。”[1]

《文法》分上下两卷，上卷“词句论”，下卷“表达论”。之所以把它看成是一部修辞学著作，是因为它实际上提供了修辞学研究的一种新范式：在分析语法现象、归纳语法特点、总结语法规律的基础上，通过比较的方法分析了各种语法范畴和语法关系的同义形式，因此，也可以说这是一部从同义手段角度研究修辞的修辞学著作。

上卷讨论的主要是语法问题，但从同义手段的角度涉及不少修辞问题。比如上卷第六章“句子与词组的转换”，“主要讨论二者之间的转换关系，但同时也是在讨论言语表达的同义形式，比如在讨论句子和词组能否转化时，既强调其惯常的用法，又强调其特定语境中的临时用法，这就很有一点修辞要‘适情应境’的意味。”[2] 该章的最后一个问题“词组代句”，就是从同义手段的角度来讨论词组在何种语境可以和句子成为同义手段：

“词组不是句子，但是有时可以拿来代替句子用，在诗词里很普遍，如有名的元人小令《天净沙》：

枯藤老树昏鸦，小桥流水人家，古道西风瘦马，夕阳西下，断肠人在天涯。

除‘夕阳西下，断肠人在天涯’各成一句外，其余十八字每两个字成一词组，放在这里不能不说有句子的功用，我们可以说是一种变相的‘存在句’。”

可见，在吕叔湘看来，词组和句子尽管是不同的语法单位，具有不同的表达功能，但是如果具备了一定的语用条件，那么词

[1] 王希杰．二十世纪汉语修辞学史上的一个小插曲 [J]. 江苏教育学院学报，2011，（5）.55–60.

[2] 高万云．吕叔湘的修辞学思想浅析 [M]. 毕节学院学报，2006（5）.

组就可能具备句子的功用，换句话说，词组和句子就可能具有同义关系，构成同义手段！

如果说上卷在讨论语法问题的基础上局部涉及了同义手段的问题，那么下卷的“表达论”就基本上是从修辞的角度，或者说是从表达的角度来考察各种语法范畴和语法关系的不同表达方式，即大量讨论的是修辞问题，主要是同义手段的问题。如第九章“数量”，首先讨论数量范畴，古今出现的各种“单位词”。接着讨论如何“询问数量”，先谈白话文如何说，后谈文言文如何说，白话与文言的各种表达式就构成了询问数量的同义手段。

尤其值得注意的是这一章中关于“约量”和“程度”范畴的分析，其对同义手段的分析细致周详，颇具实用价值。

所谓“约量”是“表示不确定的数量”，其同义手段多种多样：“除了在数目上面加‘大约’‘无虑’等限制词外，还有种种方法。第一，在定量后加用含有‘大约’意思的字，如‘上下’‘左右’‘来往’……”，如“三十上下年纪，川东鄂西口音。”第二，“在定量后加‘多’‘余’等字”，如“这条鱼足有二斤多。”第三，“接近的两个数字合用，也可表示约量”，如“冠者五六人，童子六七人。”第四，“数字活用也可以表示约量”，如“我们都多吃两杯就有了。”第五，“还有一个办法，就是直接用表示约量的词。白话里常用‘几’字……文言里和‘几’字相当的是‘数’字。如“堂高数仞”等。

吕氏关于“程度”范畴的修辞分析，高万云曾经做过详细梳理：如第九章“数量”中对“程度”的说明，几乎都是在进行修辞分析。作者还描述了表示程度高的其他方式：“表示程度很高，除用副词和数量词外，还有种种方式”，如“好快！一混就是十二年！”“或叠用形容词”，如“这壶茶一沏再沏三沏，那茶味儿自然淡之又淡了。”“或用典型的事物来比拟”，如“一个白的白似雪，一个黑的黑似铁。”“或用结果来衬托”，如“这场哭直哭得那铁佛伤心，石人落泪。”“或用比较和假设来表示极限”，如“哪天也没有今天冷。”“或以含蓄表极致”，如“这一笔真是说不出的妙。”等等。这不正是说的“一样话，百样说”或曰“同义手段”吗？

由此可知，早在20世纪40年代初期，吕先生已经有了同义手段的观念，而且这一观念在其后的学术研究中变得越来越清晰，至70年代有了更为明确的表述。

正是由于《中国文法要略》的下卷有大量的修辞分析，特别是同义手段的分析，所以我们才说它既是一本语法学著作，同时也是一本修辞学著作。尤其值得肯定的是其修辞研究的模式与三十年代以来盛行的偏重积极修辞研究即主要是修辞格的研究的范式是不同的，它主要是从消极修辞的角度、从实用的角度来研究各种修辞问题，因此其研究成果具有独特学术价值。

20世纪50年代初和朱德熙合作出版的《语法修辞讲话》是一本产生过广泛社会影响的学术著作，其学术价值和学术影响在几部修辞学史中都有评论，其中袁晖的评论是：“《语法修辞讲话》是建国后第一部语法修辞新著。尽管修辞在这本书中所占的分量不大，但是在修辞学研究方面表现了可贵的革新精神，为修辞学的研究开辟了一条新路。”其“可贵的革新精神”主要表现在四个方面：

第一，巧妙转换写作视角。“以前的汉语修辞学著作，谈到组织和调整语言时，从表达者的角度要求居多；此书则从读者的角度，理解者的角度来对表达者提出要求。”

第二，全面分析语病动因。“此书在分析病因时，不是采用简单化的贴标签的做法，不做片面性的武断的结论，而是从主观和客观两方面找原因。把语言分析和当时不良文风，特别是表达者的思想作风结合起来进行考察和分析，使人感到切中要害，入情入理。”

第三，精心选择语言材料。“此书全以白话文为语言材料，而且是以‘实用文字为主，不太照顾文艺文’，例句的来源相当广泛，有一般读物，有教科书，有报纸期刊，有文件文稿通讯，还有大、中学生的习作等，这样就把修辞学偏重文艺文的鉴赏转为着重于日常实用文体的语言运用。作者还说写作本书的目的是‘匡谬正俗’，这就大大提高了修辞在人们日常语言运用中的实用价值和指导价值，扩大了修辞学的研究领域。”

第四，力图革新修辞学研究范式。“本书所论述的修辞部分的内容，当然不是修辞学的整个的系统，甚至可以说也还不是消极修辞的全部内容，但就所论述的部分来看，这一部分超过了以往修辞学所论述的范围，也比以往的修辞学有深度。以往的一些修辞学著作重积极修辞而轻消极修辞。消极修辞谈得比较简略，可以说是语焉不详。这本书论述较多，材料丰富，分类得当，论述精密，剖析具体。”

正是由于《中国文法要略》和《语法修辞讲话》体现了吕叔湘在修辞学研究方面的开创之功，所以，我们才说吕叔湘是一名修辞学家，这两部著作可以同时看成是修辞学著作。

二、独特修辞观促进了修辞学的科学发展

吕叔湘一生对修辞学研究投注的精力不是特别多，成果也不很多，但他对修辞学确有深刻见解，有其独特修辞观，这集中表现在其修辞本质观、修辞学范围观和修辞原则观等三个方面。

（一）修辞本质观

吕叔湘没有就修辞的本质问题作深入详尽的理论阐述，但早在 20 世纪 70 年代初，他就明确表达了自己对修辞本质的看法。

1972 年吕先生为杨庆惠等编写的《修辞常识》一书所写的序言，后来以《我对于"修辞"的看法》为题正式发表。正是在这一序言中，吕先生明确提出："修辞学，照我的看法，应该是'在各种可供选择的语言手段之间——各个（多少是同义的）词语之间，各种句式之间，各种篇章结构之间，各种风格（或叫做'文体'、'语体'）之间——进行选择，选择那最适合需要的，用以达到当前的特定目的。"

这段话尽管没有采用"同义手段"的术语，但其与张志公、王希杰、林兴仁等所持的"同义手段说"的精神实质是基本一致的，甚至可以说同义手段说的理论源头来自吕叔湘，因为中国最早提出同义形式的学者是张志公，而将同义手段说加以完善使其成为成熟学说的是王希杰，这两位学者的学术思想都受到了吕叔湘的深刻影响。

毕业于中央大学的张志公是吕叔湘的学生，其毕业论文就是吕叔湘指导的。作为一生与吕先生有密切联系并且学术观点与吕先生非常接近的弟子，张志公[1]不可能不熟悉吕先生的学术思想，所以我们有理由相信张志公的同义形式观点受到了老师吕叔湘的启发。

进入 20 世纪 80 年代，同义手段说得以明确提出并引发了激烈的学术论争，90 年代经过不断完善，得到越来越多学者的认同并成为一种影响很大的修辞学说。这其中与王希杰的学术探索紧密相关，而王希杰的同义手段说自然也受到了吕叔湘的启发，毕竟吕叔湘是王希杰走上修辞学之路的引路人，而且其后一直鼓励、支持王希杰的学术活动。所以我们有理由认为吕叔湘的修辞

[1] 张志公，著名的修辞学界和语文教育家，其 20 世纪 50 年代出版的修辞学专著《修辞概要》和吕先生的《语法修辞讲话》是这一时代修辞学研究的代表作。

本质观对于推进修辞学界加深对修辞本质的认识是起了积极推动作用的。

（二）修辞学范围观

长期以来，修辞学的研究范围局限于修辞格，对此吕叔湘很不满意，他不但在自己的研究实践中加以改变，而且多次明确谈到对修辞学研究范围的看法，体现了他的修辞学范围观。

1978 年在《漫谈语法研究》一文中，吕先生明确指出："那种认为修辞学主要是讲修辞格的想法恐怕是不妥的。"因为在他看来，修辞格在修辞活动中只是一种表情达意的辅助性手段："修辞呢，好比穿衣服。人体有高矮肥瘦，衣服要称身；季节有春夏秋冬，衣服要当令；男女老少，衣服的材料花色不尽相同。总之是各有所宜。修辞就是讲究这个'各有所宜'。至于修辞格，只好比做在领子或袖口上滚一道花边，或者在胸前别个纪念章什么的，是锦上添花的性质。要是不管什么场合都要想方设法安上几个'格'，或者砌上一堆'成语'，那是小学生的玩艺儿，会写文章的人是不这么写的。"

反对将修辞学研究范围局限于修辞格是他多年来一直坚持的学术主张，所以《中国文法要略》和《语法修辞讲话》早已超越了辞格中心论的范围，但是其努力并没有成为修辞学界的共识，所以他对于敢于超越辞格中心论的研究成果大为赞赏。1982 年在给王希杰的《汉语修辞学》所写的序言即是明证："我记得翻开这本书就有一个好印象，是因为它不像另外一些讲修辞的书那样，在近于敷衍似的稍微讲讲修辞学原理之后，就把几十个修辞格一字摆开，作为读者学习的对象。"这段话传递了两个重要信息：首先肯定了《汉语修辞学》的成功，与此前的那些"近于敷衍似的稍微讲讲修辞学原理之后，就把几十个修辞格一字摆开，作为读者学习的对象”的修辞学著作不同；其次表达了对修辞学界忽视理论研究、将研究范围局限于修辞格的研究现状不满。

吕叔湘反对将修辞学的研究范围局限于修辞格的观点逐渐受到学界的重视：德高望重的吕叔湘一生很少为人写序言，他给《汉语修辞学》所写的篇幅不长但是见解独到的序言必然引发修辞学界的关注和思考。实际上他通过序言向修辞学界发出了一个明确信号——必须冲破辞格中心论的藩篱，把修辞学的研究拓展到更加广阔的领域。这就为中国修辞学的发展指明了大方向。

由此观之，20世纪80年代中后期出现的关于修辞学研究对象、研究范围的学术争鸣，王希杰等提出的冲破辞格中心论的学术主张，如果追溯学术源头，不能不再次看到吕叔湘先生的学术影响，所以我们认为吕先生的修辞学范围观实际上对于拓展修辞学的研究视野，推进新时期修辞学的发展繁荣起了巨大推动作用。

（三）修辞原则观

吕叔湘的修辞原则观可以用“适度”或“恰当”来概括。在《我对于“修辞”的看法》中的“就看用在这里合适不合适”，《漫谈语法研究》中的“各有所宜”就是对这个原则的具体诠释。

最能体现其修辞原则观的是他在《汉语修辞学》序言中的一段话：“我觉得稍微有点不足的是作者忘了说明有一个原则贯穿于一切风格之中，也可以说是凌驾于一切风格之上。这个原则可以叫做‘适度’，只有适度才能不让藻丽变成花哨，平实变成呆板，明快变成草率，含蓄变成晦涩，繁丰变成冗杂，简洁变成干枯。这个原则又可以叫做‘恰当’，那就是该藻丽的地方藻丽，该平实的地方平实，……不让一篇文章执着于一种风格。综合这两个方面用一个字眼来概括，就是‘自然’，就是一切都恰到好处。”

尽管这是就语言风格来立论的，但将它视为吕叔湘对修辞总原则的看法也不为过。因为早在《漫谈语法研究》中所提的“各有所宜”实际上就是对一切修辞活动来说的。

吕叔湘的修辞原则观对于促进修辞学原则问题的探索起了推动作用。我们知道早在20世纪30年代，陈望道提出了修辞以适应题旨情境为第一义的“题旨情境说”，这一原则学说对中国修辞学研究曾经产生过积极作用，但是随着时代、科学的发展，学者们越来越认识到题旨情景说的局限性，期待有更加科学的、操作性更强的修辞原则来取代。吕叔湘所提出的“适度”或“恰当”说，无疑给修辞学家打开了一扇新的理论视窗，促进了他们对修辞原则的深入思考。

正是在这一学术背景下，王希杰1996年出版的《修辞学通论》（南京大学出版社）提出了一个新的修辞学原则——得体性原则。这一原则的提出很快受到语言学界的关注和好评，成为学界的一个重要学说，而得体性原则说的提出，不能不说受惠于吕叔湘的“适度”原则说。

由此可见，吕叔湘的修辞观特别是其修辞本质观、修辞学范围观和修辞原则观，对于新时期中国修辞学的发展繁荣起了极大推动作用。

三、打造学术平台培养了杰出的修辞学家

吕叔湘对修辞学的又一重要贡献是不断关心支持修辞学的发展，积极为修辞学打造学术交流平台，发现、激励修辞学人才，培养了杰出的修辞学家，对中国修辞学的发展繁荣起了巨大作用。这体现在如下几个方面。

（一）在《中国语文》开设修辞学研究专栏

现在的《中国语文》几乎不刊登修辞学论文，这也成为修辞学被边缘化的一个例证，但是早在20世纪50年代末60年代初，吕叔湘担任《中国语文》负责人时期，却开辟了"修辞新例"专栏和"对毛主席语言的学习与研究"专栏。如果说"对毛主席语言的学习与研究"专栏是时代政治气候的产物，那么，"修辞新例"专栏则纯粹是学术性的，体现了办刊人的办刊理念：为修辞学提供成果发表的平台，促进修辞学的更快发展。

（二）发现并培养修辞学人才

吕先生不但通过在《中国语文》开辟专栏来促进修辞学研究，同时也通过这一学术平台帮助修辞学发现新人、培养人才，为修辞学的可持续发展培养后备军。《中国语文》是国家级学术刊物，一般作者的文稿是很难被采用的，但是当年的《中国语文》，不但采用了名不见经传的年轻人的文章，而且接连刊登了4个本科学生的8篇文章，这就是：

（1）朱泳燚：《略谈双提分承》，《中国语文》1959年第6期。

（2）朱泳燚：《鲁迅作品中色彩词的运用》，《中国语文》1959年第10期。

（3）朱泳燚：《毛主席演讲中运用设问句的特色》，《中国语文》1959年第12期。

（4）王希杰：《列举和分承》，《中国语文》1960年第1期。

（5）庄关通：《联合比喻的作用》，《中国语文》1960年第4期。

（6）蒋义海：《排比和重复的出色运用》，《中国语文》1960年第4期。

（7）朱泳燚：《学习毛主席对文字表达精益求精的精神》，《中国语文》1960年第6期。

（8）王希杰：《鲁迅作品中的一种修辞手法——反复》，《中国语文》1960年第11期。

国家级学术刊物刊载大学本科生的论文，在今天这个重视作者身份的时代，简直就是不可想象的事情，可是吕先生负责的《中国语文》短短一年多时间竟刊载了8篇大学生的习作！

王希杰回忆这一举措对年轻作者的巨大影响时这样写道：

19岁在《中国语文》上发表文章的朱泳燚得到了教育部部长叶圣陶的赏识，得到了中国科学院语言研究所所长吕叔湘的鼓励与支持。可以这样说，吕叔湘发现了朱泳燚，以后一直鼓励、支持朱泳燚。朱泳燚没有辜负吕叔湘的希望，也没有辜负叶圣陶的期望，没有辜负钱小云的希望。朱泳燚的《学习毛主席对文字表达精益求精的精神》（《中国语文》1960年第6期）开创了作家改笔研究。1982年他出版的《叶圣陶语言修改艺术》（宁夏人民出版社）是作家改笔研究的奠基之作；1984年被评为特级教师；1986年成为江苏省有特殊贡献的中青年专家；1999年被命名为首批江苏名师。

需要补充说明的是，吕叔湘同样发现了倪宝元和王希杰，并且一直关心、支持倪宝元和王希杰的学术研究，正是有了吕先生多年的关心、激励和支持，促使他们最终成为中国现代修辞学杰出的修辞学家。

20世纪60年代初在《中国语文》发表修辞学论文的有青年教师倪宝元，80年代《中国语文》很少刊登修辞学的论文，但是倪宝元的论文还是经常刊登，这不能不说和吕先生的赏识和支持有关。

19岁在《中国语文》发表了两篇修辞学论文的王希杰，从此走上了修辞学、语言学研究之路，而且在此后漫长的学术生涯中，其修辞学研究一直得到吕先生的关心、激励和支持。以下两事略见一斑：其一，吕叔湘一生极少为人写序言，却在年事已高之际精心为王希杰的第一本修辞学专著《汉语修辞学》写了序言，其中包含着欣赏、鼓励和鞭策。其二，经常关心询问王希杰的研究近况。在学术会议期间，吕先生关心并询问王希杰的修辞学研究，曾建议王希杰研究汉语的语音句。

（三）积极支持成立中国修辞学会

中国修辞学会的主要发起人王希杰最近还在文章中说：

吕叔湘是中国修辞学会的真正的推手。1980 年初，吕叔湘筹划建立中国语言学会，陈章太先生做具体工作，我对陈先生说起筹备中国修辞学会的事情。中国修辞学会的筹建得到吕叔湘先生的认可与大力支持。中国修辞学会的所有筹备工作都是陈章太先生办的。陈先生在办理中国语言学会的相关事宜的同时，顺手办的中国修辞学会的申报事宜。相关的中央七个部委，大门朝何处开？我、吴士文、郑远汉三个发起人都不知道。那些个红色公章是如何盖上的？我们更不知道。只有陈章太先生知道！陈章太还一再关照：“就办成一个中青年学者的修辞学会。”这显然是吕叔湘先生的看法，他同时支持中青年语法学研讨会。在吕叔湘先生的关怀下，在陈章太先生的具体帮助下，1980 年 12 月中国修辞学会成立了，中国语言学会是两个月之前的 10 月成立的。[1]

正是因为有了吕先生的支持，中国修辞学研究者很快拥有了自己的学术组织，可以更加便捷地利用新的交流平台切磋交流学术观点，提高学术水平，共同促进修辞学的发展繁荣。

由此可见，在《中国语文》开设“修辞新例”专栏，刊登大学生的学术论文，支持成立中国修辞学会，这几件事情实际上都

[1] 王希杰．二十世纪汉语修辞学史上的一个小插曲 [J]. 江苏教育学院学报，2011,（5）.55–60

包含了吕先生的一种学术战略：提供学术平台、发现培养人才、建立学术组织，其共同目的都是为了进一步推进修辞学的发展繁荣，这都是吕先生对中国修辞学的贡献。从某种意义说，吕先生是一名修辞学研究的战略家，也是一名培养修辞学人才的教育家！

作品来源

《毕节学院学报》2011 年第 12 期。

吕叔湘的“小句”思想

郭初建

师长导读

在现代汉语研究中，我们经常会碰到诸如从句、子句、小句等概念，并且指陈对象范围都不尽相同。现代汉语语法学家吕叔湘是中国现代语法研究的开创者之一，并最先提出小句概念，本文主要分析吕叔湘著作中的小句概念。

一

在现代汉语中，除了语素、词、词组、句子（包括单句和复句）这样的语法单位外，我们经常还会碰到另一些术语，诸如分句、主句、从句、母句、子句、小句等等。对这些述语，我们可能会经常用，但很少去研究和表述它。从它们的定义来看，分句是相对复句而言的，分句组成复句，从句是相对主句而言的，从句依从于主句，子句是相对母句而言的，子句组成母句，小句是相对句子（大句）而言的，小于句子的句子便是小句。这些名词术语显然不同于我们一般讲的词组和句子，并且在它们内部之间也还存在使用和指陈上的随意性，它们的内涵和外延都不是很明确，或有交叉、或有重复。同时还存在一个表述的问题，不同的语法学者和语法著作对它们可能有不同的归类，不同的表述。因此，到目前为止，这几个概念在汉语中还没有定论，对它们的使用也是纷繁复杂。不同的人，对同一个内容，可能用不同的概念，同一个人，同一概念，在不同时期指称的内容可能不同。所有的这些，使得我们在运用这类概念时比较模糊。

这里我们主要分析“小句”概念，分析吕叔湘先生在不同的时期不同的著作中对“小句”定义和运用，借此分析吕叔湘先生在不同时期句类上的一些观点。

二

吕叔湘对句子的划分，主要体现在对“小句”的定义和划分上。在现代汉语中，吕先生是第一个提出“小句”概念的语法学家。并且，在吕叔湘提出的“小句”概念之后，他的“小句”概念也不是一成不变的，经历了一个逐步发展、不断丰富的过程。

吕叔湘在《中国文法要略》中首度提出“小句”这个概念。他把句子的构成成分分为词组和词结，词结是主语和谓语的结合体。他把句子分为简句、繁句和复句：只包含一个词结的为简句，包含多个词结且词结关系是“构造关系”的为繁句，包含多个词结且词结关系是“关系的结合”的为复句，复句中的词结称为“小句”。“从形式方面着眼，复句往往可以中途停顿，每一个这样的停顿，假如含有一个以上的词结，我们称之为‘小句’，假如不够一个词结，我们称之为‘顿’”。在《语法修辞讲话》中，吕先生没有提及“小句”概念。书中把句子分为简单句和复合句，简单句中的主语和谓语的结合体称为“句子形式”，主语和谓语间用“的”连接便称为“主谓短语”。

在《汉语语法分析问题》中，“小句”指称的范围有所扩大。从他的分析来看，把单句和复句的分句都称之为“小句”；至于作为句子成分的主谓短语，他认为是主谓短语而非“小句”，“小句包不包括作为句子成分的这些书上的子句或叫做主谓短语的那种组合，他认为还是叫做主谓短语排除在小句外为好”。在这本书中，他否认了“小句”必须是主谓短语的概念。他把小句分为独立小句（单句）和非独立小句（分句），认为它具有语法的基本地位。

与《中国文法要略》相比，有三个特点：（1）“小句”包括单句。（2）“小句”可以是非主谓形式。（3）“小句”的划分，注重它的语法地位，认为单句和复句有基本的语法地位而称之为“小句”。

在《现代汉语语法要点》中，“小句”的范围再有所扩大。小句不仅包括分句，也包括做句子成分的主谓短语，它的位置包括主语、谓语、宾语、补语的位置。如（1）[你去]最合适（2）我不知道[他会不会答应]（3）是[谁把窗户打开的]（4）无线电[我是门外汉]（5）要是[你去]的话，请先跟我联系（上面例子均来自《现代汉语语法要点》）。方括号里的都认为是“小句”。除此之外，这本书中，还对流水句中的句子，认为是“小句”，对具有复句形式但只做句子成分的结构形式体，也认为是“小句”，称为“复合小句”，如（6）我这时突然想起，[小林要我给他买一本《鲁迅小说集》，刚才在书店忘了]。方括号里便是“复合小句”。从上面看出：（1）在《现代汉语语法要点》中对“小句”扩大了，与前面的文章相比，把做句子成分的主谓短语，流水句中的句子都认为是“小句”。（2）对是否是主谓短语，作者没做定论，但知道它可以是复句形式。

在1986年的《主谓谓语句举例中》中，把做谓语的主谓短语称之为“主谓短语”而没有称之为“小句”。

在《现代汉语语法（纲要）》中，吕先生对小句提出了一个重要的观点：作为大句一部分的小句，常常可以省略主语，但作为句子成分的小句一般都是有主语的，没有主语的可以认为只是动词的短语。在这篇文章中，吕叔湘先生对“小句”是否要求是主谓短语又进行了论述，指出要分情况讨论。

三

通过上面的分析，我们可以看出，吕叔湘的小句概念有一个发展的过程，小句先是包括复句中的分句，再是包括分句和单句，再是包括单句中的组成成分（单句形式或复句形式），流水句中的句子，小句的外延不断扩大。

就小句的形式来看，小句之所以称之为“句”，应该具有一般的句子形式（主谓短语），但就具体论述来看，也是发展的。在《中国文法要略》中，小句是指有主语和谓语的词结，到《语法分析问题》《现代汉语语法要点》没有专门论及，但就例句来看，应该是主谓短语形式，到《现代汉语语法（纲要）》，则专门论述这个问题，并且分情况讨论这个问题，小句如果是作为大句的一部分（复句中分句，流水句中的小句），则可以省略主语，如果作为句子的组成成分（句中的主谓短语），则不能省略主语。

通过上面的分析，我们还可以看出，小句概念不管变化发展，但有一点是不变的，“小句”一般总是相对于“大句”而存在的，如果复句是“大句”则分句是小句；如果流水句群是“大句”则流水句中一个一个的句子是小句，如果单句是“大句”，则它的组成成分且具有句子形式的结构体（主谓短语）是小句。只有在《汉语语法分析问题》中，把单句认为是小句，那应该是出于理解策略的考虑，认为单句与复句中的分句有相似性，并且两者在语法分析中有“基本的地位”，因而也认为单句是“小句”。

吕叔湘著作中小句概念的不断丰富和发展，既反映了现代汉语中此类问题的复杂性，也反映了吕先生实事求是的学术态度和严谨的学术作风。

作品来源

《科教文汇》（中旬刊）2008 年 4 月。

语言学大师吕叔湘对我国汉语发展的探索

杨　敏

师长导读

吕叔湘是我国著名的语言学家，他一生完成了上百篇关于语文改革的文章，并亲自参加全国中小学教材的编订工作，对中国的汉语发展做出了重要贡献。吕叔湘被公认为汉语教育的“三老”之一，他从汉语言教育规律中得出科学训练的方法，极大地推动了汉语学习与研究的发展。

吕叔湘是现代中国著名的语言学家，中国汉语改革的倡导者，他从20世纪20年代起便从事汉语教学及研究工作，在汉语理论及实践方面取得了卓越的成就。他的论著丰富、内容充实、论证严谨，有着极高的学术价值，同时在方法论上有着良好的示范作用。总之，吕叔湘的汉语学研究成果及方法，为现代汉语学科的建立奠定了基础，对近代汉语研究有着重大贡献。

一、吕叔湘汉语言改革思想的形成及发展

20世纪50年代，吕叔湘中国语言改革的核心便是为保持祖国语言文字的纯洁而战斗。他一生直接参与了中国语言文字政策的制定，并为推进中国汉语语音、语法的规范化做了基础性的工

作及研究。当时，他非常关注社会上使用语言的现象，特别注重语言的误用现象。1952 年初，他在《人民日报》发表《正确使用祖国语言》的社论，针对当时出现乱用语言文字的现象，提出了严厉的批评。同时，他对当时的语文教改的效率问题提出了意见，他认为当前人们在生活中存在着乱用的现象，并于 1978 年初在《人民日报》上发表《当前语言改革的两个迫切问题》，他认为由于受到“文化大革命”的侵扰，语文教改上存在严重滞后的问题。他说：“我们搞四个现代化，仅用十分之一的时间用来学科学，而在语文课上则占用三分之一多的时间。”他这种强烈的忧患意识也标志着中国语言改革的正式启动。20 世纪 90 年代以来，吕叔湘上升到语言艺术的角度来审视语言改革，他当时非常重视教学方法的改革，他说：“任何一个教学方法并不会变成一堆公式，而是一种随机应变的行为。”

二、吕叔湘的语言教学思想及启示

（一）吕叔湘的语言教学思想

吕叔湘在其《论语言学习及教学中》提到，语言分为语音、语法、文字等多个部分，他反对不讲字义，只讲词义的语言教学方式，主张应将现代汉语中最具活力的汉字教授给学生。吕叔湘的语言教学思想主要是围绕汉语语言规范展开的，特别对语音、语法教学提出自己的看法。他认为语音是语言的外壳，两周岁的儿童便能掌握全部的语音。所以，吕叔湘认为推广普通话应从小学抓起，而到了一定年龄之后便很难学习新的语音标准。他认为普通话与书面语相互关联、相互影响，是基础方言的有效拓展。

在文字学习方面，吕叔湘认为汉字难学有多重原因，首先，

"字"与"音"的不匹配,能读出一个字的音,却很难明白它的含义,这就需要逐字地学习。其次,汉字笔画的结构复杂,容易出现写作错误,字数又多。最后,汉字的"形音字"交叉多,容易出现误读问题。针对这一系列问题,吕叔湘提倡应在全国范围内推广拼音文字,这样才能提高学习语言的效率。另外,吕叔湘认为也有必要让中小学生学习语法,他将语法分为系统语法、参考语法及规范语法三大类。他说:"当前许多中小学教材出现一定的语法错误,对学生的影响很大,这就需要对学生补充语法知识,否则便会出现一系列问题。"

(二)语言与文字并重的思想及启示

吕叔湘曾指出语文教师应明白"语言教学教的内容应是什么",这就需要认清语言与文字的性质,也就是口语与书面语的区别。语言教学是应以文字,还是语言为主呢?吕叔湘认为两者应同时兼顾,这样才能使两者同时提高。首先,语言在人类生活中有着重要的作用,并随着社会的发展其地位逐渐提高。当前,初级中学的语文教学标准就将以前的听说训练以口语交际替代,这是培养学生语言能力的重要目标。如果一个人没有顺畅的语言表达能力,他的人际关系就会受到一定的限制,进而工作及社会生活将受到影响。新文化运动以后,中国的教育家开始重视口语教育,吕叔湘指出:"国语的各种教学都是从口语开始的,语言教习实际为中国汉语教学的中心。"

吕叔湘认为语言教育应得到教育部门的重视,新课程标准应将提高学生的语言能力作为重要目标之一。然而,中国的语言教育并没有达到理想的目标,如:一个人说话没有中心思想、语言和思想不连贯,甚至不敢在众人面前说话;有些人背诵很多的古诗,但是在生活中却不会灵活运用。可见,这样的语言教学根本没有什么用处，培养出来的学生只是会说话，而并不会说漂亮的话。实际上，中国的语言教学还停留在形式化的阶段，在各种考试压力下，学校还是非常重视考试，口语化教育如同虚设。所以，培养语言表达清晰、思想连贯的学生一直是吕叔湘先生的愿望，同时也是中国汉语教学发展的方向，吕叔湘的这些语言教学理念对当前中国的汉语教学改革有着重要的启示意义。

三、吕叔湘汉语研究对社会的贡献

（一）汉语学理论方面的建树

吕叔湘是汉语语法学的重要奠基者，在长达半个世纪的时间里，带动了整个语言研究的进展。他的第一部关于语言学的著作便是《中国文法要略》，该书被称作半个世纪以来语言学领域最具理论价值的作品之一，他的这部作品对汉语语法研究有着承上启下的作用。同时，吕叔湘还著有《汉语修辞讲话》《汉语语法论文集》等，其涉及的范围非常广，被学界认为是汉语语法领域最重要的作品，被称作“半个世纪以来中国汉语语法的总结，标志着新的时期的来临”。吕叔湘认为汉语语法的分歧非常多，主要是由于汉语缺乏严格意义上的形态变化。吕叔湘将深刻的理论问题采用讲课的方式娓娓道来，充满着趣味性。《现代汉语八百词》是吕叔湘主编的第一部汉语词典，同时也是语法研究的重要实践。他非常重视语言事实的描写，认为“事实摆得不充足，道理也就很难让人信服”。

吕叔湘在汉语言理论上除了众多著述外，他还非常重视汉语人才的培养。在其担任语言研究所所长期间，曾培养了大批的语言学研究者，其中还包括出版界的编辑、青年教师等等。自 1981

年开始举办汉语语法学术研讨会以来，吕叔湘便多次参加会议，并作重要发言。在其参会过程中，一般会注重参会论文的内容，并提出自己的意见或建议，有时还提醒论文作者没有标出论文的参考书目，这都让人了解到正确的语言研究方法。例如，在第三次会议的闭幕式上，吕叔湘提道："在这么多学术报告中，论述语言事实及现象的，我最欣赏孟宗的拟声词及刘世华对状语的分类。"吕叔湘实事求是的治学态度得到与会者的佩服与由衷赞成。

（二）吕叔湘在汉语文字规范上的重要贡献

在维护民族语言文字的纯洁方面，吕叔湘付出了艰辛的劳动。作为现代中国著名的语言学家，吕叔湘非常重视汉语言学理论的研究及人才的培养，同时他还非常重视全民族汉语水平的提高，是位非常难得的汉语学专家，为中国的汉语发展做出了卓越的贡献。自 1954 年起，吕叔湘便担任中国语言改革委员会委员，直接参与了中国语言文字政策的制定工作。在 1956 年的现代汉语规范化研讨会上，吕叔湘与罗昌平联合发表了关于"现代汉语规范化问题"的讲话，系统阐述了中国汉语语言规范化的原则及问题，其中就包括民族共同语言的形成，共同语言与方言的关系，语言规范化与语言风格等问题。最后得出，中华民族共同语言的特征就是其规范性，其中就涉及语法、词法、音法等多个内容。另外，吕叔湘与朱德熙共同编著的《语法修辞讲话》被人民日报连载，掀起了全国各个行业学习汉语语法的高潮，这对全国汉语水平的提高有着巨大的推动作用。吕叔湘也将这部著作归入语法规范的类别，指出该书"不强调内容与体系，只论对与错，帮助人们解决实际问题"。1965 年，吕叔湘主编的《现代汉语词典》是一部以词汇规范为目的的中型词典，在推广普通话及汉语规范化方面有着突出贡献。

（三）创新汉语修辞学研究范式

作为语言学家、修辞学家的吕叔湘，从自身的修辞学理念出发，成功进行了修辞学研究，其成果主要反映在《中国文法要略》及《语法修辞讲话》著作中，对提高人们修辞意识及能力培养有着积极的推动作用。在修辞学研究上，吕叔湘展现了其可贵的革新精神：一是他巧妙地转换写作视角，能从读者的角度进行语言上的组织及调整，对表达者提出要求。二是在分析语病时，他并不是采用简单的贴标签的做法，而是将主客观结合起来，将语言描绘与当时的文风相结合，真正让人感到切中要害，鞭辟入里。三是他精心选择语言素材，并以实用文字为主，有着广泛的例句来源。这就将修辞学与文艺鉴赏结合起来，并转化为日常的语言形式，扩大了修辞学的研究范围。吕叔湘反对将修辞学的研究范围局限于修辞格式，他强调需要冲破修辞格的限制，这对推动修辞学的发展有着重要意义。另外，吕叔湘积极为汉语修辞学交流提供平台，培养了大批的修辞学家，为中国修辞学的繁荣做出了巨大的贡献。二十世纪五六十年代，吕叔湘担任《中国语文》负责人，并开辟了“修辞新例”专栏，为修辞学提供了发展的平台。总之，吕叔湘这些实际事例都为推动汉语发展繁荣做出了重要贡献。

作品来源

《兰台世界》2014 年第 4 期。

吕叔湘与文章学之因缘初探

袁宝玉

师长导读

吕叔湘长期从事汉语语法的研究。他在现代汉语方面的主要著作有《中国文法要略》、《语法修辞讲话》（与朱德熙合著）、《汉语语法分析问题》等。

吕叔湘还翻译过一些人类学著作和文学作品，他的译文以明白晓畅见称。

吕叔湘一向关心中青年语文工作者的成长，1983 年他捐献多年的积蓄，设立“中国社会科学院青年语言学家奖金”。

一、吕叔湘其人

张寿康先生说：“吕叔湘先生是著名的语言学家、语文教育家。”——我认为，这一评价很恰切，很公允。

吕叔湘，江苏省丹阳县（今丹阳市）人。生于 1904 年 12 月 24 日。1926 年毕业于国立东南大学外国语文系。毕业后，曾在丹阳县立中学、苏州中学等校任教。1936 ~ 1937 年留学英国（牛津大学人类学系和伦敦大学图书馆学科）。1938 年回国后，先后在云南大学、华西协合大学、金陵大学、中央大学、清华大学等校担任教学和研究工作。1952年调中国科学院语言研究所（1978年起改属中国社会科学院），先后任研究员、副所长、所长。1954年起兼任人民教育出版社副总编辑，同年起兼任中国文字改革委员会委员。1980年起又兼任副主任，同年被选为中国语言学会会长。1979年被选为全国中学语文教学研究会理事长。历任全国政协委员、全国人大代表暨第五届全国人民代表大会常务委员会委员、法制委员会委员。1982年起任中国社会科学院语言研究所名誉所长，《中国大百科全书》总编辑委员会委员。1986年加入中国共产党。

吕叔湘是近代汉语语法研究的开创人。从1940年开始，他陆续发表了一系列论述近代汉语语法的论文。这些论文收集在《汉语语法论文集》和《近代汉语指代词》（1984）两书里。

吕叔湘在语言文字的应用和语文知识的普及方面也做了不少工作。这主要包括文字改革、汉语规范化、中小学语文教学、对外汉语教学、外语教学、文风问题等。关于这方面的论述有一部分收入《吕叔湘语文论集》（1983）里。吕叔湘写的《语言的演变》《错字小议》《谈谈虚与实的关系》等文篇被选作语文教材，为广大中学师生所熟悉。

二、吕叔湘是当代文章大家

吕叔湘先生曾自谦“写了几十年文章，始终是暗中摸索”。张志公称他“著述宏富，并多所开创，多所建树”。张寿康称他“著述等身”。刘国正称他是“大手笔”。纵观吕叔湘先生一生，执笔写文章长达七十年之久。长期大量写文章的感受的积累，为他晚年思考文章学问题打下了坚实的基础。2002年辽宁教育出版社出版了《吕叔湘全集》，共十九卷，7700000字。中国社会科学院胡绳院长领衔担任该全集学术顾问，并以其《在庆祝吕叔湘先生九十华诞学术会上的讲话》作为《吕叔湘全集》代序。该全集学术顾问还有孙起孟、陈原、叶至善等。

为了让读者对这位文章大家一生所写文章有个总体、概括的了解，以更好地理解本文的论述，现将《吕叔湘全集》总卷目附列如下：

第一卷　《中国文法要略》

第二卷　《汉语语法论文集》

第三卷　《汉语语法论文续集》

第四卷　《语法修辞讲话》

第五卷　《现代汉语八百词》

第六卷　《语言和文字》《语法学习》《语文常谈》《语文杂记》《朱晚斋语文漫谈》

第七卷　《吕叔湘语文论集》旧文辑存

第八卷　《文言读本》《文言读本续编》

第九卷　《笔记文选读》《文言虚字》《文言虚字例解》《标点古书评议》

第十卷　《马氏文通读本》

第十一卷　语文教学论著《习作评改》

第十二卷　《语文散论》

第十三卷　《朱晚斋杂览》讲话、序跋和随笔生前未完成和发表的四篇关于汉语语法的著作

第十四卷　《中国人学英语》《中诗英译比录》《英译唐人绝句百首》

第十五卷　译文集（一）《人类学》《初民社会》《沙漠革命记》

第十六卷　译文集（二）《文明与野蛮》《中级英语语法》

第十七卷 译文集（三）《我叫阿拉木》《南洋土人逛纽约》《妈妈的银行存款》《母亲和她的房客们》《飞行人》《跟父亲一块儿过日子》《莫特一家在法国》《伊坦·弗洛美》 五个短篇小说 七个独幕剧 六首五行诗

第十八卷 译文集（四）《汉语口语语法》《句法理论基础》

第十九卷 书信选编 无尽的思念 吕叔湘生平事略

三、1976——吕叔湘初说“文章学”

吕叔湘先生日日写文章，有朝一日忽然提出“文章学”这个词儿，确实是一件巧妙而有趣的事，而且是一件极其重要的事。古今中外写文章的人很多，可是有几人直接提出“文章学”这一明确的概念呢？而且数年后中国有了文章学会的团体，大学里有了文章学这门课程，并招收了文章学研究生。这一切是令吕叔湘先生十分欣慰的。

在我个人的探索中，我认为吕叔湘先生第一次提出“文章学”一词及其概念，是在1976年6月。当时吕叔湘收到上海复旦大学教授郭绍虞的信件和著作，在回信的一开始就写出这惊人的一笔，原文直引如下。“绍虞先生：拜读大著，甚佩卓识。鄙见以为，作为一门实用性的课程，不仅语法和修辞应当合并讲授，还应当扩大到作文法。我的心目中的这门课程是要从篇章结构管起，一直管到标点符号的。如果要给这样一门综合性的课程一个名称，似乎可用‘文章学’（着重号为引者所加），较能概括。更进一步，我以为，这样一门语法、修辞、作文法还应该和习作课合并，才能做到理论和实践密切结合。如果不合并，也应当密切联系，要是分属两个教研室（组），各搞一套，结果不是讲解分歧，就是彼此重复，效果一定较差。”（《吕叔湘全集》第十九卷《致郭绍虞》）——我认为，吕叔湘提出“文章学”这一词语，不是从理论、概念上出发的，而是从大学文科教学的实际考虑的，即使在三十年后的今天，仍然有其现实的指导意义，可供开设文章学课程的教授们研究、斟酌。

四、吕叔湘签名参与发起创立文章学会

现在的中国文章学研究会会长曾祥芹教授，在 1992 年第 4 期《北京师范学院学报》上发表的《现代文章学的开创者——纪念张寿康先生一周年忌辰》一文中曾回忆起这样一件事：当年为树起“中国文章学会”的独立旗帜，张寿康先生曾动议吁请名家学者支持，搞了个“文章学会发起人签名活动”，在北京的有 16 位，其中重要的一位就是著名的语言学家、语言教育家（时任中国社会科学院语言研究所名誉所长兼中国语言学会会长，全国中学语文教学研究会会长）吕叔湘先生。那一时期，张寿康先生有一篇重要文章《吕叔湘先生和语文教学》，发表在 1985 年第 8 期《中学语文教学》杂志上。可以说吕、张两位在文章学问题上真是志同道合、互相理解、互相支持。

五、吕叔湘在文章学讨论会上发言

1986 年 1 月，吕叔湘先生已经八十二岁，他应张寿康先生邀请，积极参加文章学讨论会，并热情发言。吕先生说：“文章学研究什么？能不能说就是研究好文章为什么好，坏文章为什么坏？研究的结果，写成文章，写成书，供学着写文章的人参考。这就必须防止一种误会，别以为看了这些文章，这些书，就准能写出好文章。50 年代，学习语法曾经风靡一时。后来很多人失望，说

是学了语法之后仍然免不了语句不通。会不会有人读了文章学概论之类的书仍然写不出好文章，因而埋怨作者？我看很可能。这都是因为他们没闹清楚知识和技能的关系，不知道要把知识化成技能要经过一个不断实践不断改正的过程。孟子说的‘梓匠轮舆，能与人规矩，不能使人巧’，就是这个道理。”（《吕叔湘全集》第十三卷《在文章学讨论会上的发言》）——吕叔湘先生这段重要发言有一点是要告诉我们这些后学者，文章学的任务之一是要研究好文章的经验及坏文章的教训，探寻写好各种文章的方法、规律，供一般学写文章的人参考。在这方面，陈亚丽博士的《文章学新探——面向未来的写作技法》一书作了新的有益的探索,其中《文章理论应用》《文章学与语文能力训练》等章节更体现了吕叔湘先生上述发言的某些精神。

作品来源

《文教资料》2007 年 4 月号中旬刊。

吕叔湘先生如何导读笔记文

王　昕

师长导读

笔记是“提笔记录”“笔记其事”“秉笔记录”的意思。笔记文通常篇幅在二三百字、设有小标题，以示其朴实简洁，不欲言有枝叶。笔记文在古代典籍中占了相当大的比例。宋代以后文人的个人著述，大多采取笔记或者札记的形式。《四库全书》中的杂家、小说家大都是短札式的书写方式，一卷之中含有数十条，而内容相互间关联性不大，属于一条条杂凑成书。在这些庞杂浩繁的笔记文里，如何寻出一条简净的小路，以一种轻松明快的方式做一个纵览和点面结合的了解，是广大学习者所期望的。吕叔湘先生编著的《笔记文选读》差可担当这个任务。

《笔记文选读》这本不足十万字的小书，是吕先生从《世说新语》《国史补》《梦溪笔谈》《志林》《鸡肋编》《老学庵笔记》等九本古代笔记小说中选录了 93 则短文，加以注释并为每则短文设计了讨论问题而成编的。初版以来，它受到读者特别的青睐，七十几年间影响了几代读者，至今还由各大家出版社争相重印，实是一部难得的“大家小书”。

吕先生拣择文字的眼光很是别致而精当。在取材的九本古籍中，《世说新语》是有名的语言生动、摹写出神的经典笔记文字。所谓一代人物、百年风尚，历历如睹，从中可以窥见‘世说体’的精髓。其余八部之中，沈约、苏轼、陆游、周密等宋代名家的随笔占了七部。这些质朴自然的文字或写人情，或述物理，或记一时之谐谑，或叙一地之风土，多半是和实际人生直接打交道的文字，似乎也有几分统一性。随笔之文也似乎本来以此类为正体。”

文言文并非一概的高头讲章，佶屈聱牙。那些大家的笔记文都不是刻意之作，“信笔数语，自饶逸趣，盖初非刻意为书，亦犹是诗人气分也”。遇有可写，就随笔写去，收录其间的多是古人的八卦谈资、生活片段、风俗俚语等，故轻松幽默、引人入胜。而编选者也有一副与古人相当的智慧和幽默，不拘一格、不板面孔，真真解得古人襟怀况味。如苏轼的“儋耳夜书”“措大吃饭”，周密的“文山书为北人所重”“公论在野人”等。93则笔记虽数量不丰，但因眼光上毫无成见和拘束，内容之多彩、意趣之盎然有过于那些大部头的丛书。

在中学语文教学中，问题的设计是培养兴趣、融汇知识点的关键，而现在很多教程一类的作品，讨论问题的设计最容易就事论事，拘泥于文字之中。本书则以整体的文化视野，启发读者把一些知识点结合起来，联类而顿悟。如《老学庵笔记》“汉子”一条，讨论的问题是陆游记载“今人谓贱丈夫曰汉子”，同古代“汉”“胡”称谓的演变与南北朝统治民族的关系；“讳名”之俗在诸家记载中的所见等。这些不但对初学者有着引导的作用，对于古文教学也有启发和示范之效。相信读者可以从吕叔湘在注释着眼点和讨论问题的设计上，获益良多，见出语言学大家如何激发和引导青年读者学习兴趣的功力与苦心。

作品来源

《文教资料》2007年第11期。

读有所得

我国现代语言学奠基人之一，王力认为，汉字可分为两大类。

1. 单体字，古人叫作“文”，就是用一个简单的意符来构成的。单体字又可细分为两种：

（甲）具体的东西，可以画出形状来的，就用很简单的几笔，画出一个轮廓来，如“马”“牛”“竹”“木”等。这就叫作“象形”。

（乙）抽象的概念，不可以画出形状来的，就设法把这个概念表示出来，如“上”“下”“一”“二”等。这就叫作“指事”。

2. 合体字，古人叫作“字”，就是用两个以上的意符来构成的。合体字又可细分为两种：

（甲）把两个意思合成一个意思，也就是把两个意符合成一个字。这种字多数表示抽象的概念，如“好”“伐”“武”（止戈）“炙”（肉火）等，这就叫作“会意”。会意近于指事（合体指事）。

（乙）先画出一个意符表示一个概念，但是表示得不明确，于是注上一个音符。音符本来也是一个意符，但它和意义是毫无关系的。如“江”“河”“湖”“海”等。这就叫作“形声”。这种字最多,占百分之九十以上。后代造字，一般总是按照形声的原则来造的。这里我们还要注意有一种追加意符的形声字，例如“裘”本作“求”，后加“衣”作“裘”;“仰”本作“卬”，后加“人”作“仰”，等等。但这类字不多。

敬　　启

《中外文化文学经典系列》是由常汝吉、李小燕主编，众多一线教师参与选编的一套大型的中学生阅读指导丛书，旨在提高中学生文学素养，使他们能从多角度了解这些文学经典著作，引导他们建立发散性的阅读思维，让他们了解中外文化文学经典著作的深刻精髓，终身受益。

本丛书在选编过程中，得到许多著作权人的理解和支持，欣然允诺我们选编，在此表示衷心的感谢。由于本丛书选编工作量浩大，涉及著译者甚广，我们实难一一查实。恳请本书中我们未能及时取得联系的著译者理解我们的求全之心，以免本书遗珠之憾。为保护著作权人的合法权益，我们将稿酬专账暂留我社，敬请相关作者与我们接洽并给予我们谅解。

联系人：王老师

电　话：010-64251036

现代教育出版社

2022 年 3 月